Ruth-Barbara Beger / Barbara Peters

Winter

Geschichten und Projekte zu den Bildungsbereichen

Materialien für den Kindergarten

Hase und Igel®

© 2009 Hase und Igel Verlag, Garching b. München
www.hase-und-igel.de
Lektorat: Barbara Wermann, Renate Krapf
Satz: Helga Lindemann
Illustrationen: Anke Dammann
Druck: Himmer AG, Augsburg

ISBN 978-3-86760-854-1
2. Auflage 2011

Inhalt

Sprache und Literacy

Kreativität und Musik

Inhalt

Forschen und entdecken

Inhalt

Vorwort

Projekt Winter

Der Rhythmus der Jahreszeiten birgt für Kinder viele Erfahrungsmöglichkeiten. Hierzu gehören die ersten wärmenden Sonnenstrahlen im Frühling ebenso wie frostige Tage im Winter. Wie kalt es ist, ohne Handschuhe im Schnee zu spielen, haben die meisten Kinder schon gespürt, und sie haben erlebt, wie sich die Natur mit Beginn des Winters verändert.

Eisige Kälte draußen und wohlige Wärme drinnen – der Winter lädt zu Aktivitäten im Freien ein und ist gleichzeitig die schönste Jahreszeit für ein gemütliches Zusammensitzen bei Kerzenlicht im warmen Zimmer. Für beide Aspekte bietet dieses Material zahlreiche Anregungen, etwa mit Eis und Schnee zu experimentieren, Naturphänomene zu erleben, der Frage nachzugehen, wie die heimischen Tiere überwintern, oder die nähere Umgebung des Kindergartens zu erforschen, zu winterlichen Themen Bücher zu gestalten und nicht zuletzt gemeinsame Aktivitäten mit der Familie zu erleben.

Die Kapitel orientieren sich an den folgenden Bildungsbereichen:

- Sprache und Literacy
- Kreativität und Musik
- Forschen und entdecken
- Körper, Bewegung und Gesundheit
- Miteinander leben

Diese basieren auf den Bildungs- und Erziehungsplänen bzw. -empfehlungen für Elementarpädagogik der Bundesländer. Mithilfe der Aktivitäten und Aktivgeschichten können Sie gemeinsam mit den Kindern ein Winterprojekt entwickeln und dabei die einzelnen Bildungsbereiche gezielt ansprechen. Ob dies nun ein großes Projekt wird oder mehrere kleine zu bestimmten Aspekten des Winters – die Entwicklung des Projekts hängt ganz von den Fragen und Ideen der Kinder ab und wie Sie diese aufgreifen.

Informieren Sie die Eltern vorab über die Themen und dokumentieren Sie den Fortgang des Projekts. So erhalten die Eltern Einblicke in die Bildungsangebote und können feststellen, welche Kenntnisse und Kompetenzen ihre Kinder erwerben. Vielleicht möchten sich die Eltern an verschiedenen Aktivitäten beteiligen oder sogar eigene Ideen einfließen lassen. Von einem lebendigen und aufgeschlossenen Umgang mit der Projektarbeit profitieren Sie, die Kinder und die Eltern gleichermaßen.

Struktur der Kapitel

Die fünf Kapitel folgen alle dem gleichen Aufbau: Sie sind in Einleitung, Aktivgeschichte, Praxisseiten und Gestaltungsvorlagen gegliedert.

Einleitung

Die Vorbemerkungen bieten eine kurze Einführung zum entsprechenden Bildungsbereich. Anschließend wird die Aktivgeschichte zusammengefasst und ihre Besonderheiten werden kurz erörtert. Danach folgt ein Überblick über die Praxis- und Gestaltungsseiten und damit über die verschiedenen Aktivitäten des Kapitels.

Aktivgeschichte

Kinder lieben es, Geschichten zu lauschen. Sie schlüpfen häufig in die Rollen der Figuren, die sie aus den Geschichten kennen, und leben deren Abenteuer nach oder variieren sie mit viel Fantasie. Diese Freude an der Identifikation und am Rollenspiel wird mit den Aktivgeschichten aufgegriffen. Sie sind inhaltlich auf den Bildungsbereich des jeweiligen Kapitels ausgerichtet und eignen sich als Einleitung und Impulsgeber für die nachfolgenden Aktivitäten. Einige Angebote sind direkt mit den Geschichten verknüpft. Auf diese Weise werden die Kinder motiviert, die Inhalte der Geschichten zu vertiefen. Je nachdem, welche Themen die Kinder gerade beschäftigen, können sich aus den Aktivgeschichten jedoch ganz unterschiedliche Fragestellungen und Aktivitäten ergeben. Die Praxisseiten sind deshalb als Ideensammlung zu verstehen, die jederzeit an die Interessenlage der Kinder angepasst werden kann.

Die Besonderheit der Aktivgeschichten liegt in der Verknüpfung von Sprache mit Bewegung, Gestik und Mimik. Die Kinder hören nicht nur zu, sondern beteiligen sich aktiv mit ihrem ganzen Körper an der Handlung. Dies erleichtert zum einen das Verständnis, zum anderen lernen die Kinder damit auch nonverbale Aspekte von Sprache und Kommunikation kennen. Und ganz nebenbei erweitern sie spielerisch ihren

Wortschatz. Die Protagonisten der Geschichten eignen sich gut zur Identifikation: sei es das junge Eichhörnchen Purx, das seinen ersten Winter erlebt, der märchenhafte Prinz, der ständig „Och nöö" sagt, oder Klara, die ein eigenes Buch gestaltet und ein Winter-Mäuse-Gedicht erfindet.

Die Aktivgeschichten werden übersichtlich in zwei Spalten präsentiert: In der breiteren Innenspalte steht die Vorlesegeschichte; die Begriffe, die dargestellt werden, sind fett gedruckt. In der Außenspalte finden sich die dazu passenden Bewegungen und Äußerungen. Die Kinder fallen während des Vorlesens nach und nach in Ihre Darstellung mit ein. Die Aktivgeschichten können im Morgenkreis mit der ganzen Gruppe gelesen und gespielt werden. In ihrem eigenen Tempo wirken die Kinder an den Geschichten mit. Jüngere beteiligen sich zunächst vielleicht noch etwas zögerlich, beim wiederholten Lesen werden sie aber zunehmend aktiver. Bei der Erprobung der Aktivgeschichten in der Praxis hat sich gezeigt, dass die Kinder viele Gesten rasch verinnerlichen. Sie können die Geschichten auch den Reaktionen der Kinder entsprechend variieren.

Praxisseiten

Schwerpunkt der Aktivitäten auf den Praxisseiten ist der jeweilige Bildungsbereich des Kapitels. Die Angebote können einzeln herausgegriffen, aber auch miteinander kombiniert und aufeinander aufbauend verwendet werden. Die Verzahnung von verschiedenen Aktivitäten ermöglicht den Kindern ganzheitliches Lernen. Anschaulichkeit und die Möglichkeit zum selbstständigen Experimentieren sind dabei besonders wichtig. Alle Aktivitäten fördern sowohl den Wortschatz als auch das Sachwissen der Kinder.

Eine übersichtliche Randspalte gibt Auskunft über das Thema und die Kompetenzbereiche, angrenzende Bildungsbereiche, die empfohlene Anzahl der beteiligten Kinder, den Schwierigkeitsgrad, die nötige Vorbereitungszeit und mögliche Dauer sowie die benötigten Materialien. Soweit nicht anders gekennzeichnet, bezieht sich die Vorbereitungszeit auf das Zusammenstellen des Materials.

Um die Aktivitäten einzuleiten, bietet es sich an, im Morgenkreis mit der ganzen Gruppe das Vorhaben zu besprechen. So können die Kinder sich entscheiden, an welchen Aktivitäten sie sich beteiligen möchten, oder selbst Vorschläge äußern. Die meisten Angebote eignen sich für interessierte Kinder in Kleingruppen. Einige andere, wie Kreisspiele, Bewegungsspiele und Ausflüge, sind für die ganze Gruppe gedacht.

Eine besondere Stellung nehmen die Kinderseiten der Kapitel „Sprache und Literacy" und „Forschen und entdecken" ein: Sie eignen sich besonders für 5- bis 6-Jährige. Diese Seiten werden kopiert und die Kinder können sie dann weitgehend eigenständig bearbeiten.

Eine weitere Besonderheit sind die Infoseiten, auf denen wir Ihnen viele Hintergrundinformationen zu zentralen Themen an die Hand geben.

Gestaltungsvorlagen

Jedes Kapitel endet mit Gestaltungsvorlagen, die ebenfalls kopiert werden können. Die Kinder können beispielsweise mithilfe von verschiedenen Motiven ein „Tier, ärgere dich nicht!" für die ganze Gruppe herstellen. Neben fantasievollen Verkleidungen dürfen an Karneval natürlich Masken nicht fehlen. Wie wäre es mit einem lustigen Clown oder einem gruseligen Vampir? Bildkarten zur Geschichtenwerkstatt „Ein Tag im Schnee" fördern die Fabulierfreude der Kinder.

Ein krönender Abschluss für das Projekt ist ein Winterfest. Dabei stellen die Kinder die entstandenen Kunstwerke aus und sind vielleicht mit einem Winterlied, einem Wintertanz oder einem kleinen Theaterstück als Gastgeber aktiv.

Wir wünschen Ihnen und den Kindern viel Spaß und eine schöne winterliche Zeit!

Ruth-Barbara Beger und Barbara Peters

Sprache und Literacy

Vorbemerkungen

Sprache ist unser zentrales Kommunikationsmittel. Unterstützt durch gestischen und mimischen Ausdruck bringen wir nicht nur unsere Gefühle, Wünsche, Bedürfnisse und unser Wissen zum Ausdruck, sondern erlangen durch Sprache Orientierung und Teilhabe am gesellschaftlichen und kulturellen Leben. Sprachkompetenz ist eine Schlüsselqualifikation, die in der aktiven Auseinandersetzung mit der Umwelt erworben und erweitert wird. In der frühen Kindheit basieren alle weiteren Lernprozesse auf einer gelungenen Ausdifferenzierung der Sprachfähigkeit. Ein gut ausgebildetes Sprachvermögen ist damit grundlegend für eine optimale geistige und seelische Entwicklung und ebenso für das spätere Erlernen von Schriftsprache und Fremdsprachen.

Kinder besitzen ein ganz natürliches Bedürfnis, ihr Sprachvermögen zu erproben und zu erweitern. Sie lieben es, Geschichten zu erzählen und Sachverhalte, die sie kennengelernt haben, zu erörtern. Sie haben Freude an einem spielerischen Umgang mit Wörtern und Satzstrukturen. Auch mögen Kinder die Wiederholung, den Rhythmus von Wörtern. Auf diese Weise verinnerlichen sie den erlernten Wortschatz und erfahren ihn als Teil ihrer Erlebniswelt.

Das Kapitel „Sprache und Literacy" nimmt daher eine besondere Stellung innerhalb des Materials ein. Es möchte die Freude an Sprache spielerisch unterstützen und die Kinder mittels Geschichten, Gedichten und Gesprächen für die Vielfalt des Ausdrucks sensibilisieren. In der Begegnung mit (Bilder-)Büchern, Gedichten und Reimen sammeln sie Erfahrungen, die nicht nur für ihre Sprachentwicklung wesentlich sind, sondern ebenso für ihre Persönlichkeitsentfaltung und die Entwicklung von individuellen Interessen.

Aktivgeschichte

Die Aktivgeschichte „Klaras Buch" handelt von Klara, ihrem Bruder Paul und deren Großvater. Obwohl es für Klara toll ist, einen großen Bruder zu haben, der sie in bestimmten Situationen beschützt, gibt es hin und wieder kleine Streitigkeiten zwischen den Geschwistern. Paul hält sich für klüger, weil er im Gegensatz zu Klara schon lesen und schreiben kann. Aber Klara weiß sich zu helfen: Sie erfindet ein Gedicht und gestaltet ein Buch dazu mit selbst gemalten Bildern. Staunend loben Paul und der Großvater Klaras Buch.

Jedes Kind kennt die Situation, dass ein Geschwisterkind oder ein anderes Kind etwas besser kann. Klara ist eine Identifikationsfigur, die nicht im Ärger verharrt, sondern eine kreative Lösung entwickelt. Die Geschichte kann Anlass für vielfältige Gesprächsthemen bieten, etwa zu den emotionalen und sozialen Aspekten der Geschichte. Die Materialien dieses Kapitels greifen Klaras Idee auf, selbst eine Geschichte zu erfinden, diese zu bebildern und als Buch zu präsentieren. Klaras Geschichte ist damit Ausgangspunkt für Aktivitäten rund um den Themenbereich „Wort, Schrift und Buch".

Praxisseiten

Die Seite „Klaras Gedicht" (S. 14), die für die Kinder kopiert werden kann, bietet zur Übersicht noch einmal das gesamte Gedicht. Interessierte Kinder malen die zum Gedicht passende Illustration aus. Wenn sie diese Seite mit nach Hause nehmen, kann die ganze Familie das Gedicht kennenlernen.

Die Aktivitäten der Bücherwerkstatt vermitteln Wissen, Techniken und Fertigkeiten zu verschiedenen Bereichen der Buchherstellung: Ausgehend von der Aktivgeschichte können die Kinder eigene Bücher gestalten (S. 15), Papier schöpfen (S. 16), mit Kartoffeln bedrucken (S. 17) und Buchdeckel mit Marmoriertechnik gestalten (S. 18). Vielleicht bietet sich in diesem Zusammenhang eine Exkursion in eine Druckerei an oder der Besuch eines Illustrators, der den Kindern zeigt, wie seine spannende Arbeit an einem Bilderbuch vonstatten geht.

In der Buchstabenwerkstatt beschäftigen die Kinder sich mit dem Laut /w/ und winterlichen Begriffen (S. 20/21). Anregungen zu Gesprächen über den Winter finden Sie auf Seite 19. Mithilfe der Geschichtenwerkstatt (S. 22/23) werden die Kinder an einen weiteren Themenschwerpunkt, das Fabulieren, herangeführt. Bild- und Personenkarten (S. 36/37) unterstützen das selbstständige Erfinden von Geschichten. Ideen zur pantomimischen Darstellung finden Sie auf den Seiten 24 und 25. Die Gedichte der Seiten 27, 30 und 32 eignen sich für den Morgenkreis mit der Gesamtgruppe und zur intensiven Erarbeitung in Kleingruppen. Diese Seiten enthalten kleine Arbeitsaufträge und können für die Kinder kopiert werden. Weitere Aktivitäten knüpfen an die Gedichte an und schließen die Bereiche Kreativität, Bewegung und Rhythmus mit ein (S. 26, 28/29, 31, 33–35).

Aktivgeschichte: Klaras Buch

Manchmal ist es toll, einen großen Bruder zu haben.
Wenn die Kinder Klara in den Schnee schubsen,
dann ist es toll, dass Paul ihr großer Bruder ist.

sich breitbeinig hinstellen

Dann **stellt** Paul **sich** nämlich **breitbeinig** neben Klara.

im Stehen Arme vor der Brust verschränken

Er **verschränkt die Arme vor der Brust**

gemein und böse schauen

und macht **sein allergemeinstes Gesicht.**

Zeigefinger heben, Kinder nacheinander streng ansehen

Ganz streng schaut er **die Kinder nacheinander an**

und sagt: „Lasst meine Schwester in Ruhe!"
Das reicht meistens.

Arme anwinkeln und Fäuste ballen (Muskeln zeigen)

Paul ist **groß** und **stark.**

sich wieder hinsetzen

Die anderen wollen keinen Streit mit ihm haben
und **lassen** Klara **in Ruhe.**
Ja, dann ist es toll, einen großen Bruder zu haben.

sich an die Stirn tippen

Aber manchmal ist es ganz schön **blöd** mit Paul.
Zum Beispiel diese Woche: Mama hat Nachtdienst
im Krankenhaus und Papa ist auf Geschäftsreise.
Deshalb passt Opa auf Klara und Paul auf.

in einem imaginären Topf rühren

Er **macht Spaghetti** zum Abendessen

beide Hände an eine Wange halten

und er bringt die Kinder **ins Bett.**

Es ist schon dunkel. Draußen schneit es und im Haus ist es sehr gemütlich.
Auf dem Nachttisch brennt eine Kerze und Opa liest vor.

Er liest spannende Geschichten von **wilden Piraten**

eine Faust ballen, schwenken und laut „Hohoho!" rufen

und **gefährlichen Drachen**.
Das mag Paul.
Und Opa liest lustige Geschichten von **starken Prinzessinnen**

fauchen

Arme anwinkeln und Fäuste ballen (Muskeln zeigen)

und **kleinen Katzen**.
Das mag Klara.

miauen

Nachdem Opa seine letzte Geschichte beendet hat, sagt Paul:
„Ich habe ein eigenes Buch geschrieben."
Er **hält ein Büchlein hoch**, das er aus mehreren Zetteln gefaltet

gegeneinandergelegte Hände auffalten und hochhalten

hat. Alle Seiten des Büchleins sind beschrieben.
Paul geht in die dritte Klasse.
Er kann schon richtig **schreiben**.

Schreibbewegungen in der Luft machen

„Ich les das jetzt mal vor", sagt Paul und schaut Klara so komisch
an. „Ich kann nämlich schreiben und lesen. Du aber nicht! Du bist
zu klein!"
Das ist gemein. Klara wird **wütend**.

wütendes Gesicht machen, Hände in die Hüften stemmen und böse brummen mitsprechen

„Ich bin nicht zu klein! Ich kann auch ein Buch schreiben!",
schreit sie
und **stampft mit einem Fuß auf**.
Blöder Paul! Alter Angeber!
„Kannst du nicht", sagt Paul. „Du kennst ja die Buchstaben
noch nicht."
Und dann liest er sein Buch vor.
Darin geraten wilde Piraten in einen **Sturm**.
Sie **kämpfen mit einem Monster**.

mit einem Fuß aufstampfen sich an die Stirn tippen

*„Hui, hui, hui!" heulen
Boxbewegungen in der Luft machen*

Sie schießen mit **Pistolen**.

eine Hand wie eine Pistole halten und „Peng! Peng!" rufen

Sie **schreien laut und gefährlich**.
Pauls Geschichte ist toll.
Aber Klara sagt nichts.
Sie ist noch immer böse auf den **doofen** Paul.

laut schreien

sich an die Stirn tippen

„Prima, mein Junge!", sagt Opa und **lacht fröhlich**, als Paul mit
dem Vorlesen fertig ist. „Du bist ja ein richtiger Schriftsteller!"
Opa **klatscht in die Hände**.
„Aber dafür muss man groß sein und die Buchstaben kennen",
sagt Paul und **streckt** Klara **die Zunge heraus**.
„Klara ist noch zu klein."

mit tiefer Stimme lachen

klatschen

Zunge herausstrecken

Sprache und Literacy

sich an die Stirn tippen

„Sei nicht traurig, Klara!", sagt Opa. „In zwei Jahren gehst du auch in die Schule und lernst lesen und schreiben."
Er nimmt Klara in den Arm. Das tröstet ein bisschen, aber Klara ist immer noch wütend auf den **blöden** Angeber Paul.
Dem wird sie es zeigen!

Am nächsten Tag nach dem Kindergarten macht Klara ihre Zimmertür ganz fest zu. Niemand darf sie stören.
Sie hat viel zu tun.

Abends, als Mama schon im Krankenhaus ist und Opa die erste Geschichte vorgelesen hat,
sagt Klara: „Jetzt lese ich euch mein Buch vor."

mit einer Hand imaginäre Zettel hochhalten

Dabei **hält** sie **mehrere Zettel in die Höhe**,

mit heller Stimme lachen

die sie mit einem Band wie ein Buch zusammengeheftet hat.
Paul fängt an zu **lachen**.
„Du hast ein paar Bilder gemalt, Klara! Das ist doch kein Buch!",

mit heller Stimme lachen
sich an die Stirn tippen

sagt er und **lacht und lacht und lacht**.
Aber Klara kümmert sich nicht um den **blöden** Paul.
Sie schlägt ihr Buch auf.

mit heller Stimme lachen

Auf der ersten Seite ist ein rotes Haus zu sehen.
Paul **lacht** wieder: „Siehst du? Das ist ein Bild, das kann man nicht vorlesen!"
Aber Klara liest: „In dem kleinen roten Haus …",
und blättert um.
Jetzt kommt das Bild von der grauen Maus.
Und Klara liest: „… da wohnt eine graue Maus."
Paul macht große Augen.

Klara blättert um. Auf diese Seite hat sie nur die große braune Tür gemalt. Das war nicht schwierig.
Sie liest: „Manchmal schaut sie aus der Tür."

Zeigefinger vor den Mund halten

Paul **ist ganz still**.

mit heller Stimme lachen

Beim Umblättern **lacht** Klara und ruft: „Hier!"
Auf dem Bild sieht man das graue Mausgesicht hinter der Tür hervorschauen. Schön!

Mund öffnen

Pauls **Mund steht offen**.

Jetzt kommt das Bild, auf dem die graue Maus am Fenster sitzt.
Dazu liest Klara: „Auch am Fenster sitzt sie gern."

Mund öffnen

Pauls **Mund steht immer noch offen**.

Mund ganz langsam schließen

Dann **macht** er **seinen Mund langsam zu**.

 Materialien für den Kindergarten: Ruth-Barbara Beger/Barbara Peters, Winter © Hase und Igel Verlag, Garching b. München

Das nächste Bild ist Klaras Lieblingsbild:
Mitten auf der schwarzen Seite klebt ein goldener Stern.
„Oben ist ihr Lieblingsstern", steht da natürlich.
Paul schaut Klara mit ganz großen Augen an.

Klara blättert um und liest: „Fällt der Schnee in dichten Flocken, …"
Sie blickt Opa und Paul stolz an.

Auf die nächste Seite hat Klara gestreifte Socken gemalt,
da steht nämlich: „… trägt das Mäuschen warme Socken."
„Toll!", sagt Paul **leise**   *„Toll!" flüstern*
und Opa **nickt**.   *nicken*
Klaras Ohren werden ganz heiß.

Sie blättert um. Auf diesem Bild **liegt** die graue Maus **im Bett**.   *beide Hände an eine Wange*
          halten und Kopf zur Seite
          legen

Nur ihre spitze Schnauze mit den Schnurrbarthaaren ist zwischen
den Kissen zu sehen.
Klara liest: „Abends kriecht sie in ihr Bett. Sie ist nett!"
Dann **klappt** Klara **ihr Buch zu**.   *aufgeklappte Hände zusam-*
          menlegen

„Boah!", sagt Paul. „Toll, Klara! Du hast ein echtes Buch
geschrieben!"

„Prima!", ruft Opa und **klatscht**. „Und deine Geschichte reimt   *klatschen*
sich sogar. Großartig!"
Klara strahlt.
Sie hat es Paul gezeigt.
Natürlich kann man ein Buch schreiben, auch wenn man
die Buchstaben noch nicht kennt!

Name:

Klaras Gedicht

Lass dir das Gedicht von einem Erwachsenen vorlesen.
Versuche, es nachzusprechen. Male das Bild aus.

Die Maus

In dem kleinen roten Haus,
da wohnt eine graue Maus.
Manchmal schaut sie aus der Tür.
Hier!
Auch am Fenster sitzt sie gern.
Oben ist ihr Lieblingsstern.
Fällt der Schnee in dichten Flocken,
trägt das Mäuschen warme Socken.
Abends kriecht sie in ihr Bett.
Sie ist nett!

Mein eigenes Buch

Die Beschäftigung mit der Aktivgeschichte „Klaras Buch" kann Kinder zu
verschiedenen Ideen anregen. Vielleicht möchten sie selbst Bücher herstellen und eine eigene Bücherwerkstatt eröffnen. Daraus kann sich auch
ein umfangreiches Projekt entwickeln, das sich mit allen Aspekten der Buchherstellung auseinandersetzt und zu Ausflügen in Büchereien oder in Buch-
handlungen führt.
In dieser Aktivität stellen die Kinder ein eigenes Buch zu Klaras Gedicht her.
Das Nachsprechen von Klaras Reimen fördert überdies einen spielerischen
Umgang mit Sprache.

So geht's:

- Bieten Sie den Kindern das Gedicht „Klaras Gedicht" an. Besprechen Sie
  mit ihnen die Versgeschichte. Die Kinder versuchen, die Reime frei zu
  sprechen.

- Überlegen Sie gemeinsam, welche Bilder die Kinder zur Illustration der
  Geschichte malen können. Die Vorderseiten der Blätter werden bemalt,
  die Rückseiten bleiben frei. Anschließend legen die Kinder die Seiten in
  der richtigen Reihenfolge übereinander.

- Je nach Konzentrationsfähigkeit der Kinder gestalten sie den Einband
  aus Tonpapierbogen im Anschluss oder stellen das Buch am nächsten
  Tag fertig. Erarbeiten Sie dazu mit den Kindern anhand eines Bilderbuchs, dass auf dem Cover der Name des Autors und der Titel zu lesen
  sind. Als Autorennamen tragen die Kinder ihren eigenen Namen ein, das
  Coverbild kann ebenfalls gemalt werden.

- Die gelochten Seiten und das Cover werden zusammengebunden.

- Die Kinder können ihre Bücher einander „vorlesen". Dadurch werden ihr
  Selbstbewusstsein und die Fähigkeit gefördert, Symbole und Sprache in
  einen Zusammenhang zu bringen.

Tipps:

- Die Kinder erfinden eine eigene Geschichte und gestalten dazu ein
  individuelles Buch. Anregung finden Sie auf den weiteren Seiten der
  Bücherwerkstatt (S. 16–18).

- Richten Sie mit den Kindern eine Ecke mit einem Tisch – und möglichst
  einer weiteren Ablagefläche – ein, die sie als Bücherwerkstatt benutzen
  können. Eine Tafel, Kreide, (Magnet-)Buchstaben, verschiedene Papier-
  sorten und Stifte dürfen nicht fehlen.

Thema:
Umgang mit Büchern

Kompetenzbereiche:
Reime entdecken, Motorik
weiterentwickeln, Kreativität
entfalten

**Angrenzender
Bildungsbereich:**
Kreativität und Musik

Kinder:
3–5

Schwierigkeitsgrad:
★ ★ ★ ☆ ☆

Vorbereitung:
10 Min.

Aktivität:
45–60 Min. (über 1–2 Tage)

Material:
Aktivgeschichte (S. 10),
Kopien des Gedichts (S. 14),
Buntstifte, bunte Bänder oder
Wolle, Locher

Material pro Kind:
4–5 Blätter und 2 Tonpapierbogen in identischem Format,
Schere

Sprache und Literacy

Thema:
Umgang mit Büchern

Kompetenzbereich:
Kreativität entfalten

**Angrenzende
Bildungsbereiche:**
Forschen und entdecken,
Kreativität und Musik

Kinder:
2–4

Schwierigkeitsgrad:
★ ★ ★ ★ ☆

Vorbereitung:
20 Min. (Sammlung von
Altpapier, Pappe und Eierkartons; Einweichen)

Aktivität:
45–60 Min. (über mehrere
Tage)

Material:
Altpapier, Eierkartons aus
Pappe, Plastikwanne, Papier-
leim, Esslöffel, Wasserfarben,
Schöpfrahmen, weiße Stoff-
bahnen, Holzbretter, Gewichte
oder schwere Gegenstände,
Wäscheleine, Wäsche-
klammern; ggf. Holzrahmen,
Maschendraht, Tacker

Papier schöpfen

Im Rahmen einer Bücherwerkstatt können die Kinder selbst Papier herstellen und dieses anschließend weiterverarbeiten.

So geht's:

- Die Kinder erhalten den Auftrag, Altpapier und Eierkartons aus Pappe mitzubringen. Die Eierkartons eignen sich aufgrund der Struktur der Pappe besonders gut zum Schöpfen von Papier. Altpapier und Eierkartons werden am Vortag der Aktivität in einer Plastikwanne in Wasser eingeweicht.

- Am nächsten Tag werden dem Papierbrei mehrere gehäufte Esslöffel Papierleim hinzugefügt und gleichmäßig verteilt, sodass eine dickflüssige Masse entsteht. Mit etwas Wasserfarbe lässt sich das Papier individuell einfärben.

- Auf Schöpfrahmen, die im Fachhandel erhältlich sind, verteilen die Kinder den Papierbrei gleichmäßig, sodass das Wasser durch das Sieb abtropfen kann.

- Anschließend legen die Kinder das entstandene Stück auf eine weiße Stoffbahn, die wiederum auf einer Holzplatte liegt. Sie können bereits erkennen, dass aus dem hergestellten Stück eine etwas dickere Papierseite entstehen wird. Über die Seite werden nun eine weitere Stoffbahn und eine zweite Holzplatte gelegt. Die Holzplatte sollte zusätzlich mit Gewichten oder anderen Gegenständen beschwert werden, sodass weiteres Wasser aus dem Papier gedrückt wird.

- Nach ungefähr 20 Minuten können die Papierseiten an einer vorbereiteten Wäscheleine zum Trocknen aufgehängt werden. Wiederholen Sie diesen Vorgang mehrmals.

Tipps:

- Sie können die Schöpfrahmen selbst herstellen: Auf einem Holzrahmen befestigen Sie mit einem Tacker in doppelter Lage Maschendraht, der beim Schöpfen wie ein Sieb funktioniert.

- Das Schöpfen von Papier kann mit den beiden folgenden Aktivitäten (S. 17/18) verbunden werden.

Kartoffeldruck

Ein weiteres Thema der Bücherwerkstatt kann das Drucken sein. Aus Kartoffeln lassen sich beispielsweise Stempel herstellen, mit denen die Kinder selbst geschöpftes (S. 16) oder herkömmliches Papier bedrucken können.

So geht's:

- Zur Herstellung der Stempel werden die Kartoffeln zunächst in zwei Hälften geschnitten. Drücken Sie nun die Ausstechformen auf die Innenseiten der Kartoffelhälften und schneiden Sie den überstehenden Rand der Kartoffel ab. So entstehen verschiedene Motive. Es bietet sich an, Stempel der Buchstaben, aus denen die Namen der Kinder zusammengesetzt sind, herzustellen. Legen Sie auch herkömmliche Stempelbuchstaben, Stempel mit Motiven und Stempelkissen bereit.

- Auf die selbst hergestellten Kartoffelstempel tragen die Kinder mit dem Pinsel Acrylfarben auf. Am besten die Stempeltechnik zunächst auf Zeitungspapier ausprobieren und erst anschließend auf dem selbst geschöpften Papier fortfahren.

- Die Kinder überlegen, was sie in ihr Buch malen oder drucken wollen. Sie können sich bei der Gestaltung ihrer Buchseiten mehrere Tage Zeit nehmen.

- Wenn Ihnen ausreichend Zeit zur Verfügung steht, können die Kinder an einem der folgenden Tage selbst Buchdeckel herstellen (S. 18).

Thema:
Umgang mit Büchern

Kompetenzbereich:
Kreativität entfalten

Angrenzende Bildungsbereiche:
Forschen und entdecken, Kreativität und Musik

Kinder:
2–6

Schwierigkeitsgrad:
★ ★ ☆ ☆ ☆

Vorbereitung:
10 Min.

Aktivität:
20–30 Min. (über mehrere Tage)

Material:
Kartoffeln, Küchenmesser, Schneidebrett, Ausstechformen, Stempelbuchstaben, Stempel mit Motiven, Stempelkissen, Acrylfarben, Pinsel, Zeitungspapier

Material pro Kind:
selbst geschöpftes Papier (S. 16) oder herkömmliches Papier

Thema:
Umgang mit Büchern

Kompetenzbereich:
Kreativität entfalten

Angrenzende Bildungsbereiche:
Kreativität und Musik, Forschen und entdecken

Kinder:
2–4

Schwierigkeitsgrad:
★ ★ ★ ☆ ☆

Vorbereitung:
10 Min.

Aktivität:
20 Min.

Material:
Marmorierfarben, Schälchen, Wanne, Plastikbecher, große Schüssel, Kleister, Schneebesen, alter Kamm, Holzstäbchen, altes Lineal, Klammern, Wäscheleine, Holzbretter, Gewichte oder schwere Gegenstände

Material pro Kind:
Malkittel, 2 farbige oder weiße Pappen, flache Plastikschale (Größe entsprechend der hergestellten Buchseiten)

Buchdeckel gestalten

Nachdem die Kinder selbst Papier hergestellt und bedruckt haben (S. 16/17), kann es mit der Covergestaltung in der Bücherwerkstatt weitergehen.

So geht's:

- Rühren Sie die Marmorierfarben vor dem Gebrauch in Schälchen an.

- Stellen Sie auf einem Nebentisch eine Wanne mit Wasser und einen Plastikbecher bereit.

- In einer weiteren Schüssel wird der Marmoriergrund angesetzt: den Kleister mit einem Schneebesen in die vorgegebene Menge Wasser einrühren und anschließend quellen lassen.

- Die Kinder nehmen sich einen Malkittel, da die Farben beim Herstellen der Muster sehr spritzen können.

- Zur Gestaltung der Buchdeckel suchen die Kinder sich jeweils zwei farbige oder weiße Pappen in Größe der hergestellten Buchseiten aus.

- Jedes Kind braucht eine flache Plastikschale, die etwas größer sein sollte als der Pappbogen. Die Plastikschalen werden bis zu einer Höhe von 3 cm mit dem Marmoriergrund angefüllt.

- Die Kinder suchen sich die Farben aus, die sie verwenden möchten. Nach und nach spritzen oder träufeln sie diese über den Marmoriergrund und verteilen sie mit einem alten Kamm oder mit Holzstäbchen.

- Nun legen die Kinder ihre Pappen auf den Marmoriergrund und ziehen sie wieder vorsichtig ab. Mit einem alten Lineal wird der überflüssige Kleister abgestrichen. Über der Wasserwanne auf dem Nebentisch waschen die Kinder die Pappen kurz mit einem gefüllten Plastikbecher ab.

- Zum Trocknen werden die Pappen mit Klammern an die vorbereitete Wäscheleine gehängt. Anschließend legen die Kinder sie zum Glätten unter Holzbretter und beschweren sie mit Gewichten.

- Lochen Sie die Buchdeckel und binden Sie sie mit den bedruckten Seiten (S. 17) zusammen.

Gespräche zu Winterthemen

Gesprächskreise mit der Gesamtgruppe bieten eine Vielzahl an Möglichkeiten, die Sprachentwicklung von Kindern anzuregen. Begleitend zum
Winterprojekt lassen sich viele Themen aus den Beobachtungen der bereits
stattgefundenen Aktivitäten oder aus den aktuellen Fragen der Kinder her-
leiten. Gespräche unterstützen die Sprechfreude und die Kinder können
ganz nebenbei ihren Wortschatz erweitern und neu erlernte Begriffe verwenden. Wenn Kinder von ihren Erfahrungen berichten oder von Fragestellungen, denen sie in ihren Aktivitäten nachgegangen sind, unterstützt
dies auch die Entwicklung lernmethodischer Kompetenz.

Gespräche bieten Ihnen außerdem eine gute Beobachtungsmöglichkeit.
Sie können z. B. sehen, ob sich der Wortschatz der Kinder im Verlauf der
Gesprächsreihe erweitert. Vielleicht stellen Sie fest, dass die Kinder bei
aktuellen Aktivitäten auf frühere Gesprächsthemen zurückkommen, oder
Sie erhalten Hinweise auf das Sozialverhalten: Lassen die Kinder einander
ausreden? Können sie Bezüge zu bereits Gesagtem herstellen? Diese
Beobachtungen eignen sich gut zur Entwicklungsdokumentation und bieten
Anhaltspunkte für Elterngespräche sowie für Ihre weitere Planung.

So geht's:

- Leiten Sie im Morgenkreis eine Reihe von Gesprächen zum Thema „Winter" ein, indem Sie die Kinder dazu anregen, von ihren Erfahrungen und
  ihrem Wissen zu erzählen. Hier bieten sich folgende Fragestellungen an:

  – Worin unterscheidet sich der Winter von anderen Jahreszeiten?

  – Welche besonderen Dinge können wir im Winter machen?

  – Was machen die Tiere im Winter?

  – Welche Feste feiern wir im Winter?

- Die Gespräche sollten eine Dauer von zehn Minuten nicht überschreiten.
  Eine Gesprächsgliederung in drei Schritten ist sinnvoll, damit ein ge-
  wisser Spannungsbogen entsteht:

  – Sie schlagen ein Gesprächsthema anhand einer genauen Fragestellung
    oder eines Materials vor. Beim Thema „Jahreszeiten unterscheiden"
    können dies zwei Fotos sein: eines mit Sonnenschein bzw. Schatten
    und eines, auf dem Schnee abgebildet ist.

  – Versuchen Sie das Gespräch vorsichtig zu lenken, sodass die Kinder
    einander möglichst viele Informationen mitteilen können.

  – Fassen Sie gemeinsam mit den Kindern die Ergebnisse zusammen und
    schlagen Sie ihnen im Anschluss eine darauf aufbauende Aktivität vor;
    z. B. passende Bücher vorlesen oder kreativ zum Thema arbeiten.

Thema:
Leben im Winter

Kompetenzbereiche:
Wortschatz erweitern, Sprechfreude weiterentwickeln

**Angrenzende
Bildungsbereiche:**
Forschen und entdecken,
Miteinander leben

Kinder:
25

Schwierigkeitsgrad:
★ ★ ★ ☆ ☆ ☆ bis ★ ★ ★ ★ ★ ☆

Vorbereitung:
5 – 10 Min. (pro Gespräch)

Aktivität:
5 – 10 Min. (pro Gespräch)

Material:
ggf. Anschauungsmaterial,
Bücher o. Ä.

Thema:
Anlaut /w/

Kompetenzbereiche:
Buchstaben kennenlernen,
Kreativität entfalten

**Angrenzender
Bildungsbereich:**
Kreativität und Musik

Kinder:
3–4

Schwierigkeitsgrad:
★ ★ ★ ★ ☆

Vorbereitung:
10 Min. (pro Gespräch)

Aktivität:
20 Min.

Material:
Gedicht nach Wahl (z. B. S. 14,
27, 30, 32), Karte mit dem
Buchstaben W, Stück Tapete,
Filzstifte; ggf. mehrere ausgeschnittene Eiskristalle (S. 84),
weißes Papier, Tacker

W wie Winter

So geht's:

- Stimmen Sie die Kinder auf die Buchstabenwerkstatt ein, indem Sie mit ihnen das Gedicht „Klaras Gedicht" (S. 14) aufsagen. Es eignen sich ebenso ein bis zwei Strophen des Gedichts „Wenn es Winter wird" (S. 32) oder eines der Schneeflocken-Gedichte (S. 27, 30).

- Die Kinder werden schnell erraten, dass es sich bei der Jahreszeit, die in den Gedichten besprochen wird, um den Winter handelt. Regen Sie die Kinder an zu beobachten, was ihre Lippen tun, wenn sie gerade anfangen, das Wort „Winter" auszusprechen. Vielleicht entdecken sie beim Experimentieren mit dem Wortklang sogar selbst, dass das Wort „Winter" mit dem Anlaut /w/ beginnt. Zeigen Sie eine Karte, auf die Sie den Buchstaben W geschrieben haben.

- Die Kinder suchen weitere Begriffe mit „W", z. B. Wald, Wiese, Wolken, Wind, Wagen, Welt, Wiege, Wurst, Wurzel. Geben Sie den Kindern Hinweise, W-Wörter zu finden, und notieren Sie die genannten Begriffe.

- Zeichnen Sie ein großes W als Hohlbuchstaben in die Mitte eines Stücks Tapete. Die Kinder malen das W bunt aus.

- Anschließend schreiben sie selbst um das W herum eigene Ws und fügen Zeichnungen hinzu, die sich auf W-Wörter beziehen.

- Auf diese Weise entsteht ein Gemeinschaftsbild, das in der Bücherwerkstatt aufgehängt werden kann.

Tipp:

Vielleicht möchten die Kinder eine Wintergirlande herstellen. Sie schneiden oder prickeln mehrere Ws und Eiskristalle aus. Diese werden abwechselnd durch ca. 15 cm lange und 2 cm breite Papierstreifen mithilfe eines Tackers miteinander verbunden.

Winterwörter

Bei einem Gespräch über den Winter können die Kinder möglicherweise noch unbekannte Winterwörter entdecken. Zur Anregung dienen Ihnen Begriffe, die Sie in der Wörterschatztruhe unten finden.

So geht's:

- Die Kinder können die Bildkarten (S. 36) ausschneiden, ausmalen und auf Pappe kleben. Zusätzlich können eigene Bildkarten gestaltet werden. Laminieren Sie die Karten anschließend.

- Alle Karten werden offen auf den Tisch gelegt. Die Kinder benennen abwechselnd die Abbildungen, unbekannte Begriffe erklären Sie.

- Reihum suchen sich die Kinder eine Karte aus, erklären, was darauf abgebildet ist, und erfinden einen passenden Satz.

- In der nächsten Runde liegen die Karten umgedreht auf dem Tisch. Dies erhöht den Schwierigkeitsgrad des Spiels, da die Kinder nun versuchen müssen, beim Aufdecken spontan einen passenden Satz zu finden.

- In der letzten Runde legen Sie nur einige Karten auf den Tisch, die die Kinder eine Weile betrachten. Ein Kind hält sich die Augen zu. Währenddessen nehmen Sie eine Karte weg. Anschließend findet das Kind heraus, welche Karte fehlt.

Tipps:

- Vielleicht möchten die Kinder aus den Karten ein Wintermemory herstellen. Hierfür kopieren Sie die Karten in zweifacher Ausfertigung.

- Zur Erweiterung der Buchstabenwerkstatt können Sie die Aktivität „Ein Tag im Schnee" (S. 22) nutzen.

Thema:
Leben im Winter

Kompetenzbereiche:
Erzählfähigkeit entwickeln, Wortschatz erweitern

Angrenzender Bildungsbereich:
Kreativität und Musik

Kinder:
3–5

Schwierigkeitsgrad:
★ ★ ★ ★ ★

Vorbereitung:
30–45 Min. (Gespräch, Gestalten)

Aktivität:
10–15 Min. (Spiele)
30 Min. (Gestalten)

Material:
Kopie der Bildkarten (S. 36), Pappe (ca. DIN A4), Klebstoff, Laminierfolie

Material pro Kind:
Schere, Bunt- oder Filzstifte

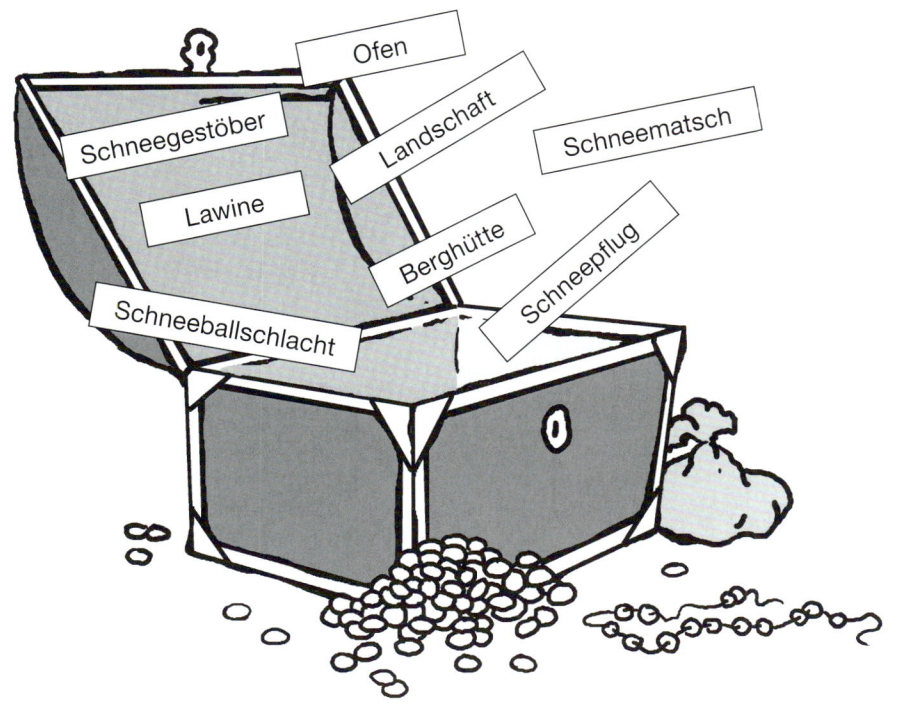

Ofen
Schneegestöber
Landschaft
Schneematsch
Lawine
Berghütte
Schneepflug
Schneeballschlacht

Sprache und Literacy

Thema:
Aktivitäten im Winter

Kompetenzbereiche:
Erzählfähigkeit entwickeln,
Kreativität entfalten

**Angrenzender
Bildungsbereich:**
Kreativität und Musik

Kinder:
3

Schwierigkeitsgrad:
★ ★ ★ ★ ★ ★

Vorbereitung:
5 Min.

Aktivität:
5–20 Min.

Material:
Kopie der Bildkarten (S. 36/37),
Pappe (ca. DIN A4), Klebstoff,
Laminierfolie

Material pro Kind:
Schere, Bunt- oder Filzstifte

Ein Tag im Schnee

Diese Geschichtenwerkstatt stellt eine Erweiterung des Angebots von
Seite 21 dar. Auf den hier verwendeten Bildkarten (S. 37) sind Personen
abgebildet, die auf unterschiedliche Weise mit dem Winter in Bezug stehen.
Sie können zum Fabulieren mit den Bildkarten von Seite 36 kombiniert
werden. Notieren Sie die Aussagen der Kinder. Sie eignen sich gut zur
Entwicklungsdokumentation.

So geht's:

- Die Kinder malen und schneiden die Bild- und Personenkarten aus und
  kleben sie auf entsprechend große Pappen. Nach Wunsch laminieren Sie
  die Karten.

- Zunächst liegen nur die Personenkarten offen auf dem Tisch. Die Kinder
  beschreiben die Figuren. Legen Sie nun einige Bildkarten mit weiteren
  Motiven dazu.

- Beginnen Sie selbst z. B. mit der Personenkarte, auf der das Mädchen
  abgebildet ist, und mit der See-Bildkarte. Sie könnten sagen: „Das ist
  Martha. Sie fährt gern auf dem See Schlittschuh." Halten Sie die Karten
  so vor sich, dass alle Kinder sie sehen können.

- Das nächste Kind nimmt sich ebenfalls eine Personen- und eine Bildkarte
  und erfindet zwei Sätze.

- Nachdem jeder Teilnehmer etwas zu einer Personen- und einer Bildkarte
  erzählt hat, kann das Spiel mit anderen Bildkarten weitergehen. Für das
  Beispiel bedeutet dies: Sie wiederholen Ihre vorigen Sätze, ziehen eine
  weitere Karte und erweitern die Geschichte z. B. mit der Schneeflocken-
  Bildkarte: „Das ist Martha. Sie fährt gern auf dem See Schlittschuh.
  Heute fallen am See ganz dicke Schneeflocken."

- Auf diese Weise entstehen individuelle Geschichten. Wenn das jeweilige
  Kind immer auch seine bereits erfundenen Sätze wiederholt, wird nicht
  nur sein Gedächtnis trainiert, es entwickelt auch ein Gespür für den Aufbau von Geschichten.

- Sind die Kinder in diesem Spiel geübt, können Sie mithilfe der bereits
  erzählten Geschichten eine offene Runde anregen. Stellen Sie z. B. die
  Frage: „Was passiert wohl, wenn sich Martha (das Mädchen mit den
  Schlittschuhen) und Simon (der Junge mit der Mütze) treffen? Was wollen
  sie zusammen spielen?"

Meine Wintergeschichte

Vielleicht haben die Kinder bereits die Aktivitäten der Seiten 20, 21 oder 22 kennengelernt und dabei ihren Wortschatz erweitert und Erfahrungen beim Fabulieren gesammelt. Mit der hier vorgeschlagenen Geschichtenwerkstatt können sie das Fabulieren weiterentwickeln. Die Kinder denken sich jeweils eine eigene Wintergeschichte aus. Wenn Sie die Geschichten während des Erzählens mitschreiben, können Sie sie anschließend mit der Hand oder am Computer ins Reine schreiben. Die Geschichten dienen dann der Entwicklungsdokumentation, können aber auch im Kindergarten ausgestellt oder von den Eltern mit nach Hause genommen werden.

So geht's:

- Führen Sie die Kinder durch offene Fragen an das Erzählen einer eigenen Wintergeschichte heran. Der Einstieg kann z.B. ein Gespräch darüber sein, was für die Kinder Kennzeichen des Winters sind. Das Gespräch dient als Hilfe, Ideen für die Geschichten zu sammeln. Fragen und Gesprächsansätze können sein:

  – Was ist das Besondere am Winter? (Schnee, Eis, Kälte, Winterschlaf der Tiere, kahle Bäume; man friert, man zittert)

  – Mit welchen Worten lässt sich der Winter gut beschreiben? (klirrende Kälte, vereister See, schneebedeckte Bäume)

  – Was macht ihr besonders gern im Winter? (draußen: Ski fahren, Schlitten fahren, Schlittschuh laufen, einen Schneemann bauen; drinnen: sich in eine warme Decke kuscheln, lesen, erzählen, Tee trinken)

- Nun denken sich die Kinder einen Hauptdarsteller für ihre Geschichten aus. Vielleicht möchten sie auch bekannte Aktivgeschichten weitererzählen. Eine Anregung zu „Der verschwundene See" (S. 66–69) ist: Purx und die alte Waldmaus werden Freunde. Was erleben sie wohl zusammen im Winter?

- Die Kinder denken sich nacheinander eine Geschichte aus. Nehmen Sie sich für jedes Kind ausreichend Zeit. Sie können dem jeweiligen Kind auch Fragen stellen, um die Figuren seiner Geschichte besser kennenzulernen. Sprechen Sie mit den Kindern auch über das Ende der Geschichte, sodass ein kleiner Spannungsbogen aufgebaut werden kann.

- Wenn die Kinder möchten, werden ihre Geschichten im Morgenkreis vorgelesen. Danach essen die Kinder vielleicht gern Russisch Brot (Kekse in Buchstabenform). Oder wie wäre es mittags mit einer Buchstabensuppe?

Thema:
Aktivitäten im Winter

Kompetenzbereiche:
Wortschatz erweitern, Erzählfähigkeit entwickeln

Angrenzender Bildungsbereich:
Kreativität und Musik

Kinder:
1–3

Schwierigkeitsgrad:
★ ★ ★ ★ ★

Vorbereitung:
5–15 Min.

Aktivität:
30–60 Min. (über 1–2 Tage)

Material:
Stift, Papier, Russisch Brot, Buchstabensuppe

Sprache und Literacy

Thema:
Aktivitäten im Winter

Kompetenzbereiche:
Wortschatz erweitern, Rollenspiel erleben, Kreativität
entfalten

**Angrenzende
Bildungsbereiche:**
Körper, Bewegung und
Gesundheit,
Kreativität und Musik

Kinder:
6–25

Schwierigkeitsgrad:
★ ★ ★ ★ ☆ ☆

Vorbereitung:
10 Min.

Aktivität:
15 Min. (Pantomime)
15–25 Min. (Gestalten)

Material:
verschiedenfarbiges Tonpapier
oder Pappe, Klebstoff, Stoffreste, Wolle

Material pro Kind:
Bogen weißes Papier, Bunt-
und Filzstifte, Schere

Pantomime im Winter

Neben der sprachlichen Ausdrucksfähigkeit ist ein differenzierter körper-
licher und mimisch-gestischer Ausdruck von großer Bedeutung. Pantomime
eignet sich deshalb ganz besonders zur ganzheitlichen Förderung der
Kommunikationsfähigkeit.

So geht's:

- Vorab denken Sie sich verschiedene Aktivitäten und Gegebenheiten aus,
  die mit dem Winter zu tun haben, z. B. Ski fahren, Schlitten fahren, Schlittschuh laufen, eine Schneeballschlacht machen, einen Schneemann
  bauen, frieren, einen heißen Tee trinken. Zum besseren Verständnis
  stellen Sie einen der Begriffe zu Beginn des Spiels pantomimisch dar.
  Regen Sie nun die Kinder dazu an, in Kleingruppen oder im Morgenkreis
  darstellende Ausdrucksweisen zu erproben und zu entwickeln.

- Anschließend flüstern Sie dem ersten Kind einen Begriff ins Ohr. Nachdem die Darstellung erraten wurde, ist das nächste Kind an der Reihe.

- Später können Sie eine neue Runde mit Begriffen eröffnen, die sich nicht
  direkt auf den Winter beziehen, z. B. Eis essen, einen Ball rollen, Rad
  fahren, schwimmen, lesen, laufen, reiten.

- Abschließend malen alle Teilnehmer jeweils ihre Lieblingsdarstellung.
  Um das Bild herum klebt jedes Kind aus Tonpapier oder Pappe einen
  Rahmen, an dessen beiden senkrechten Seiten ein geöffneter Theater-
  vorhang aus Stoffstücken und Wollfäden befestigt wird.

Winterdetektive

Aufbauend zur Aktivität „Pantomime im Winter" (S. 24) bietet sich die Darstellung eines lebenden Winterbildes als Spiel für den Morgenkreis oder für die Kleingruppe an.

So geht's:

- Ein Kind spielt den Winterdetektiv, der herausfinden möchte, welche Figuren oder Situationen von anderen Kindern dargestellt werden. Der Winterdetektiv geht in einen Nebenraum. Währenddessen melden sich ein oder mehrere Kinder, die die Darsteller sein möchten. Alle anderen Kinder sitzen im Kreis und sehen beim späteren Raten zu.

- Beginnen Sie mit einer einfachen Situation: Ein Kind stellt einen Skifahrer dar. Der Winterdetektiv wird in den Raum gerufen und versucht, diese Darstellung zu erraten. Die Kinder können Hinweise geben.

- Ein neuer Detektiv muss folgende Situation erkennen: Ein Kind, das eine warme Wintermütze trägt und einen Stock in der Hand hält, stellt einen Wanderer im Schnee dar. Ein zweites Kind, das auf allen vieren neben ihm sitzt, spielt seinen Hund.

- Auch diese Darsteller bleiben stehen und ein dritter Detektiv geht nach draußen. In der Zwischenzeit stellt sich ein Kind neben den Hund. Es hält beide Arme in gewölbter Haltung vor seinen Bauch und hält einen Besen in der Hand. Der Winterdetektiv kann erraten, dass es einen Schneemann darstellt.

- Der nächste Winterdetektiv soll einen verschneiten Baum erkennen. Dieser wird von einem Kind dargestellt, das breitbeinig mit ausgebreiteten Armen neben dem Wanderer steht. Als Schnee kann das Kind ein weißes Handtuch um die Schultern tragen; einen Tannenzweig hält es in der Hand.

- Auf diese Weise entsteht ein ganzes Winterbild mit lebenden Statuen. Der letzte Detektiv darf die Statuen zum Leben erwecken, indem er z. B. diesen Spruch verwendet: „Eins, zwei, drei! Winterbild, du darfst nicht ruh'n, sollst jetzt deine Schritte tun!"

- Nun bewegen sich die Kinder entsprechend ihrer Rollen: Der Skifahrer wippt in der Hocke, der Wanderer geht herum, der Baum bewegt seine Äste, der Hund bellt.

- Regen Sie die Kinder nun zu weiteren lebenden Winterbildern an. Während der Aufstellung der Figuren können sie ihre eigenen Ideen einfließen lassen.

Thema:
Aktivitäten im Winter

Kompetenzbereiche:
Wortschatz erweitern, Rollenspiel erleben, Motorik weiterentwickeln

Angrenzender Bildungsbereich:
Körper, Bewegung und Gesundheit

Kinder:
8–25

Schwierigkeitsgrad:
★★☆☆☆☆ bis ★★★★★☆

Vorbereitung:
5–15 Min.

Aktivität:
10 Min.

Material:
verschiedene Requisiten, z. B. Wintermütze, Stock, Besen, weißes Handtuch, Tannenzweig

Sprache und Literacy

Thema:
Schneeflocken

Kompetenzbereiche:
Merkfähigkeit erweitern,
Kreativität entfalten

**Angrenzender
Bildungsbereich:**
Kreativität und Musik

Kinder:
2–25

Schwierigkeitsgrad:
★ ★ ★ ☆ ☆

Vorbereitung:
mehrere Vormittage (Lernen
des Gedichts)

Aktivität:
20 Min. (Memorieren,
Illustration des Gedichts)

Material:
Bunt- und Filzstifte

Material pro Kind:
Kopie des Gedichts (S. 27)

Unser Schneeflockengedicht

Die folgende Aktivität eignet sich zur intensiven Bearbeitung besonders für
Vorschulkinder.

So geht's:

- Tragen Sie den Kindern im Morgenkreis oder in der Kleingruppe das
  Gedicht von Seite 27 vor. Die Kinder versuchen, gemeinsam mit Ihnen die
  erste Strophe zu wiederholen. Wenn die Kinder sie nach einigen Tagen
  memorieren können, lernen sie die zweite und dritte Strophe. Es können
  auch kleine Gruppen gebildet werden, die jeweils eine Strophe lernen.

- Die Kinder sagen die Strophen nacheinander auf. Jedes Kind erhält eine
  Kopie des Gedichts.

- Erarbeiten Sie mit den Kindern den Inhalt der ersten Strophe. Mit Filz-
  oder Buntstiften zeichnen die Kinder ein passendes Bild in das Kästchen
  neben die Strophe. Mit den folgenden Strophen verfahren sie ebenso.
  Die bearbeiteten Kopien können zur Entwicklungsdokumentation abge-
  heftet werden.

- Zur Präsentation im Gruppenraum können die Kinder gemeinsam eine
  weitere Kopie gestalten. Zusammen mit anderen Gedichten werden diese
  Zeichnungen an der Wand aufgehängt.

Name:

Hurra, es schneit!

Lass dir das Gedicht von einem Erwachsenen vorlesen.
Mit der Zeit kannst du eine oder mehrere Strophen aufsagen.
Male zu den Strophen jeweils ein Bild.

Es schneit, hurra, es schneit!

Schneeflocken weit und breit!

Ein lustiges Gewimmel

kommt aus dem grauen Himmel.

Was ist das für ein Leben!

Sie tanzen und sie schweben.

Sie jagen sich und fliegen,

der Wind bläst vor Vergnügen.

Und nach der langen Reise,

da setzen sie sich leise

aufs Dach und auf die Straße

und frech dir auf die Nase!

Volksgut

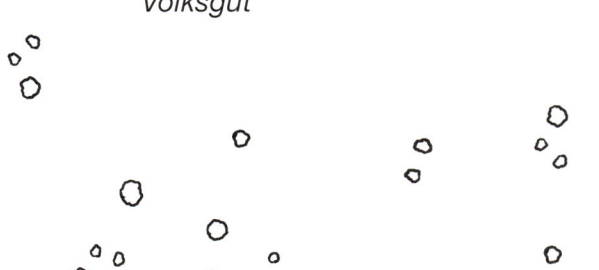
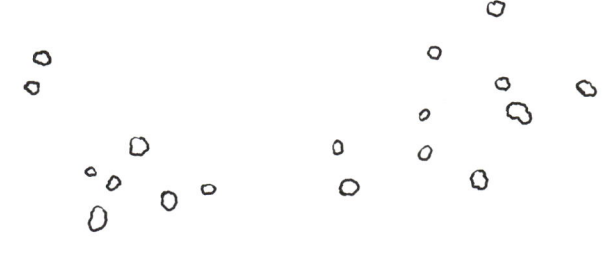

Sprache und Literacy

Thema:
Schneeflocken

Kompetenzbereiche:
Merk- und Erzählfähigkeit weiterentwickeln, Reime entdecken, Kreativität entfalten

Angrenzender Bildungsbereich:
Kreativität und Musik

Kinder:
2–25

Schwierigkeitsgrad:
★ ★ ★ ★ ☆

Vorbereitung:
10 Min. (Memorieren, Gespräch)

Aktivität:
10 Min. (Fabulieren)
10 Min. (Malen)

Material:
Gedicht (S. 27), Stift, Papier, Filz- und Buntstifte; ggf. Computer

Schneeflocke auf der Nase

Das Gedicht „Hurra, es schneit!" (Seite 27) lässt sich mit einer Geschichtenwerkstatt verbinden. Es bietet sich an, die Seiten der Geschichte am Schwarzen Brett der Gruppe aufzuhängen, sodass die Eltern sie lesen können.

So geht's:

- Tragen Sie das Gedicht noch einmal im Morgenkreis oder in der Kleingruppe vor. Die Kinder versuchen, es zu wiederholen.

- Sprechen Sie mit den Kindern über den Inhalt des Gedichts. Schlagen Sie ihnen anschließend vor, sich Folgendes vorzustellen: Die Schneeflocke aus dem Gedicht sitzt nun auf der Nase eines Kindes bzw. auf Ihrer Nase. Das Kind (oder Sie) pustet (pusten) die Flocke weg. Welche Winterreise beginnt nun für die kleine Schneeflocke?

- Die Kinder erzählen die Winterreise der Schneeflocke frei. Nach und nach fügen sie der Geschichte weitere Sätze hinzu.

- Wenn sie möchten, können sie versuchen, dabei Reime zu verwenden. In der Wörterschatztruhe unten finden Sie Vorschläge hierfür. Ein möglicher Satz, den Sie beispielhaft nennen könnten, lautet: „Die Flocke fliegt übers Land, auf Tante Berthas Hand."

- Wenn Sie merken, dass die Kinder lieber ohne Reime fabulieren, geben Sie ihnen einige Sätze als Anreiz: „Ich puste die Schneeflocke von meiner Nasenspitze. Da kommt eine starke Windböe und die Flocke fliegt die Straße entlang! An der Ecke steht ein Hund. Die Flocke setzt sich auf seinen Rücken."

- Schreiben Sie die Sätze mit und tippen Sie sie abschließend ggf. mit dem Computer ab. Lassen Sie an prägnanten Stellen Freiräume zwischen den Absätzen, damit die Kinder später Bilder hinzufügen können. Auf Wunsch wird die Geschichte kopiert und die Kinder können sie mit nach Hause nehmen.

- Bei einem kommenden Morgenkreis lesen Sie allen Kindern die entstandene Geschichte vor.

Tipp:

Wenn Sie die Arbeit mit der Schneeflockengeschichte intensivieren möchten, eignet sich dazu die Aktivität auf Seite 29 besonders gut.

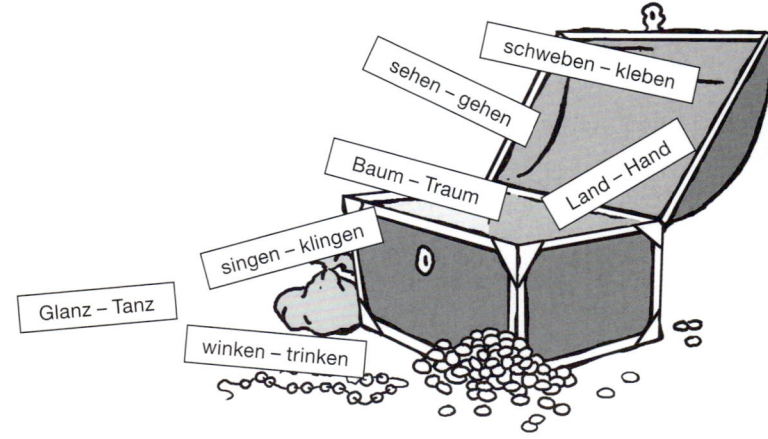

schweben – kleben
sehen – gehen
Baum – Traum
Land – Hand
singen – klingen
Glanz – Tanz
winken – trinken

 Materialien für den Kindergarten: Ruth-Barbara Beger/Barbara Peters, Winter © Hase und Igel Verlag, Garching b. München

Mein Schneeflocken-Fühlbuch

Haben sich die Kinder eine Geschichte zum Thema „Schneeflocke auf der Nase" (S. 28) ausgedacht, können sie diese in der Bücherwerkstatt fortführen. Die Kinder gestalten ein Fühlbuch. Das Besondere an diesem Buch ist, dass sich die Schneeflocke an jedem Ort ihrer Reise betasten lässt.

So geht's:

- Lesen Sie zu Beginn die erfundene Schneeflockengeschichte vor.

- Die Kinder können für ihr Fühlbuch selbst geschöpftes Papier (S. 16) benutzen oder Tonpapier in verschiedenen Farben. Jede Seite wird individuell gestaltet und stellt eine Station der Schneeflockenreise dar.

- Die Kinder kleben auf jede Seite eine Schneeflocke aus einem kleinen Wattebausch oder aus einem Stück weißen Stoff.

- Die Landschaft und die Gegenstände, die die Schneeflocke auf der jeweiligen Seite umgeben, können die Kinder malen oder mit weiteren fühlbaren Materialien gestalten. Feines Schmirgelpapier kann z. B. einen Waldweg darstellen, Alufolie wird zu einem Spiegel oder einem See und weiße Wellpappe dient als Schneelandschaft.

- Es können so reine Bilderbücher entstehen, die zum weiteren Fabulieren anregen. Nach Wunsch kann aber auch die Schneeflockengeschichte für jedes Kind kopiert werden. Die Textteile der Geschichte werden dann auf die entsprechenden Seiten geklebt.

- Die fertigen Seiten werden entweder mit einer schönen Kordel zusammengebunden oder die Kinder stellen selbst Buchdeckel (S. 18) her.

Thema:
Umgang mit Büchern

Kompetenzbereich:
Kreativität entfalten

Angrenzende Bildungsbereiche:
Forschen und entdecken, Kreativität und Musik

Kinder:
2–5

Schwierigkeitsgrad:
★ ★ ★ ★ ☆ ☆

Vorbereitung:
10 Min.

Aktivität:
30 Min.

Material:
Aktivität „Schneeflocke auf der Nase" (S. 28), Watte oder weißer Stoff, Klebstoff, Buntstifte, Filzstifte, verschiedene Materialien (z. B. feines Schmirgelpapier, Alufolie, weiße Wellpappe), Locher, Kordel

Material pro Kind:
Schere, Tonpapier oder selbst geschöpftes Papier (S. 16)

Mein Schneeflockenbild

Lass dir das Gedicht von einem Erwachsenen vorlesen.
Male dazu ein Bild.

Schneeflocken

Wende ich den Kopf nach oben:
Wie die weißen Flocken fliegen,
fühle ich mich selbst gehoben
und im Wirbeltanze wiegen.

Dicht und dichter das Gewimmel;
eine Flocke bin auch ich. –
Wie viel Flocken braucht der Himmel,
eh die Erde langsam sich
weiß umhüllt.

Alfred Henschke alias Klabund (1890–1928)

Bewegung mit Schneeflocken

Dieses Bewegungsspiel eignet sich sowohl für eine Kleingruppe als auch für die ganze Gruppe. Wenn die Kinder das Spiel während des Winterfests (S. 127) präsentieren möchten, können sie sich als Schneeflocken verkleiden: Weiße Papiertaschentücher werden rundherum in den Ausschnitt des Pullovers und in den Hosenbund gesteckt.

Wende ich den Kopf nach oben:	*Die Kinder heben im Kreis stehend ihre Köpfe nach oben, imaginäre Schneeflocken betrachtend.*
Wie die weißen Flocken fliegen,	*Sie heben die Arme und Hände, wobei sie die Finger bewegen.*
fühle ich mich selbst gehoben	*Jetzt schwingen sie zusätzlich die gestreckten Arme auf und nieder …*
und im Wirbeltanze wiegen.	*… und drehen sich um ihre eigene Achse.*
Dicht und dichter das Gewimmel;	*Sich um die eigene Achse drehend und mit schwingenden Armen bewegen sich die Kinder langsam zur Mitte.*
eine Flocke bin auch ich. –	*Jedes Kind verschränkt seine Arme um seinen Oberkörper.*
Wie viel Flocken braucht der Himmel,	*Die Kinder öffnen die Arme wieder und fassen sich in einem engen Kreis an den Händen.*
eh die Erde langsam sich	*Mit erhobenen Händen gehen sie langsam auseinander in den großen Kreis.*
weiß umhüllt.	*Die Kinder senken die Arme nach vorn und öffnen die Hände.*

Wenn es Winter wird

Lass dir das Gedicht von einem Erwachsenen vorlesen. Versuche, die erste Strophe mitzusprechen. Male unter das Gedicht eigene Fische im See.

Der See hat eine Haut bekommen,
sodass man fast drauf gehen kann,
und kommt ein großer Fisch geschwommen,
so stößt er mit der Nase an.

Und nimmst du einen Kieselstein
und wirfst ihn drauf, so macht es klirr
und titscher – titscher – titscher – dirr …
Heißa, du lustiger Kieselstein!

Er zwitschert wie ein Vögelein
und tut als wie ein Schwälblein fliegen –
doch endlich bleibt mein Kieselstein
ganz weit, ganz weit auf dem See draußen liegen.

Da kommen die Fische haufenweis
und schaun durch das klare Fenster von Eis
und denken, der Stein wär etwas zum Essen;
doch sosehr sie die Nase ans Eis auch pressen,
das Eis ist zu dick, das Eis ist zu alt,
sie machen sich nur die Nasen kalt.

Aber bald, aber bald
werden wir selbst auf eigenen Sohlen
hinausgehen können und den Stein wieder holen.

Christian Morgenstern (1871–1914)

Unsere Winterfische

Zum vertieften Verständnis des Gedichts „Wenn es Winter wird" von Christian Morgenstern (S. 32) gestalten die Kinder gemeinsam Plakate zu den einzelnen Strophen.

So geht's:

- Der Fußboden ist mit Zeitungspapier abgedeckt. Darauf breiten Sie die Plakate, auf die Sie bereits jeweils eine Strophe des Gedichts auf den oberen oder unteren Bereich geschrieben haben, in der richtigen Reihenfolge aus. Lesen Sie den Kindern das Gedicht strophenweise vor und sprechen Sie über den Inhalt.

- Jeweils ein bis zwei Kinder gestalten ein Plakat und damit eine Strophe. Erarbeiten Sie vorher mit den Gruppen, was sie abbilden könnten.

- Für die Strophen, in denen der Kieselstein vorkommt, können die Kinder z.B. einen Kunstglasstein oder einen Kieselstein mithilfe der Heißklebepistole ins Bild kleben. Die Fische können sie mit Wasserfarben selbst malen. Oder möchten sie lieber ausgeschnittene Fische aufkleben?

- Wenn die Kinder fertig sind, stellen sie ihre Bilder der Gesamtgruppe vor.

- Vielleicht finden Sie im Flur einen geeigneten Platz, um die Plakate nebeneinander aufzuhängen. So können die Kinder anderen Kindern und Erwachsenen von dem Gedicht erzählen.

Thema:
Tiere

Kompetenzbereich:
Kreativität entfalten

Angrenzender Bildungsbereich:
Kreativität und Musik

Kinder:
5–10

Schwierigkeitsgrad:
★ ★ ★ ★ ☆

Vorbereitung:
20 Min. (Bereitstellung, Gespräch)

Aktivität:
20–30 Min. (Gestaltung)

Material:
Gedicht (S. 32), 5 Bogen Tonkarton (weiß oder hellblau), Zeitungspapier, Wasserfarben, Pinsel, Kieselsteine oder Kunstglassteine, Heißklebepistole; ggf. Bilder mit Fischen (aus Zeitschriften, von Internetseiten)

Sprache und Literacy

Fische im See

Dieses Bewegungsspiel zum Gedicht „Wenn es Winter wird" (S. 32) lässt sich am besten in der Turnhalle umsetzen. Sie benötigen ein Schwungtuch und eine Rassel. Eine Erzieherin spricht die einzelnen Zeilen, während eine zweite Erzieherin zusammen mit den Kindern die Bewegungen durchführt.

Der See hat eine Haut bekommen,	*Alle Kinder greifen das Schwungtuch.*
sodass man fast drauf gehen kann,	*Sie ziehen es straff auseinander.*
und kommt ein großer Fisch geschwommen,	*Ein vorher bestimmtes Kind spielt den Fisch und „schwimmt" unter dem Schwungtuch umher.*
so stößt er mit der Nase an.	*Das Kind stößt immer wieder mit der Nase oder dem Kopf von unten gegen das Tuch, dann nimmt es wieder seinen Platz am Schwungtuch ein.*
Und nimmst du einen Kieselstein	*Eines der Kinder nimmt die Rassel*
und wirfst ihn drauf, so macht es klirr	*und wirft sie auf das Schwungtuch.*
und titscher – titscher – titscher – dirr …	*Alle wiederholen: titscher – titscher – titscher – dirr …*
Heißa, du lustiger Kieselstein!	*Die Kinder gehen oder hüpfen mit dem Schwungtuch in den Händen gemeinsam drei Schritte nach rechts.*
Er zwitschert wie ein Vögelein	*Sie bewegen das Schwungtuch vorsichtig hin und her, sodass die Rassel Geräusche macht.*
und tut als wie ein Schwälblein fliegen –	*Alle bewegen das Schwungtuch vorsichtig auf und nieder, die Rassel beginnt zu hüpfen.*
doch endlich bleibt mein Kieselstein	*Alle senken das Tuch vorsichtig zum Boden,*
ganz weit, ganz weit auf dem See draußen liegen.	*bis die Rassel liegenbleibt.*
Da kommen die Fische haufenweis	*Einige Kinder heben das Tuch wieder an, die anderen „schwimmen" als Fische unter das Tuch.*
und schaun durch das klare Fenster von Eis	*Sie „schwimmen" unter das Tuch bis zur liegengebliebenen Rassel. Die anderen Kinder halten das Tuch jetzt ganz ruhig und gespannt.*
und denken, der Stein wär etwas zum Essen;	*Alle „Fischkinder" verharren an der Stelle, an der die Rassel liegt.*
doch sosehr sie die Nase ans Eis auch pressen,	*Sie pressen ihre Nasen bzw. Köpfe von unten gegen das Tuch.*
das Eis ist zu dick, das Eis ist zu alt,	*Die „Fischkinder" „schwimmen" Richtung Tuchrand.*
sie machen sich nur die Nasen kalt.	*Sie reihen sich wieder am Tuchrand ein und reiben sich die Nasen.*
Aber bald, aber bald	*Alle lassen langsam das Schwungtuch sinken, bis es auf dem Boden liegt.*
werden wir selbst auf eigenen Sohlen	*Dann gehen alle Kinder vorsichtig und leise auf Zehenspitzen über das Tuch.*
hinausgehen können und den Stein wieder holen.	*Ein Kind, das sie flüsternd benennen, nimmt sich die Rassel und schüttelt sie. Daraufhin rufen alle: „Juchhe!"*

Rhythmik im Winter

Rhythmik arbeitet mit den Elementen Musik und Bewegung und setzt auch die Stimme und verschiedene Materialien ein. Bewegung schließt immer rhythmisches Gespür mit ein. Indem wir einem Takt folgen oder eine Handlung mit Geräuschen unterlegen, wird der Ausdruck der Darstellung gesteigert. Rhythmik sensibilisiert die Sinne und unterstützt die Entwicklung kreativer Fähigkeiten ebenso wie die Kommunikationsfähigkeit.

So geht's:

- Erproben Sie mit den Kindern anhand des Gedichts „Wenn es Winter wird" (S. 32) die Möglichkeiten der rhythmischen Darstellung.

- Setzen Sie sich mit den Kindern in einen Kreis und besprechen Sie mit ihnen die einzelnen Verse des Gedichts. Lassen Sie sie zunächst unmittelbar rhythmische Ausdrucksweisen finden. Beginnen Sie beispielsweise, indem Sie den ersten Vers sehr artikuliert sprechen; Sie können die Anlaute /s/ und /h/ in See und Haut betonen. Beim zweiten Vers „sodass man fast drauf gehen kann" beginnen Sie rhythmisch auf der Stelle zu gehen. Das ist ein Signal für die Kinder, in den rhythmischen Ausdruck einzufallen. Nun können Sie gemeinsam improvisieren.

- In die Mitte des Kreises stellen Sie einen Korb mit einigen Instrumenten wie Triangel, Glöckchen, Schellenkranz und kleine Trommeln. Während Sie das Gedicht sprechen, ahmen die Kinder mit den Instrumenten den Klang des Kieselsteins auf dem Eis und das Zwitschern des Vogels nach. Das Schwimmen der Fische kann z. B. mit kleinen Regenstäben dargestellt werden, das Laufen der Füße durch leichtes oder festeres Klopfen mit der flachen Hand auf Trommeln. Meistens haben die Kinder ein gutes Gespür für einen passenden klanglichen Ausdruck und experimentieren gern mit eigenen Darstellungsmöglichkeiten.

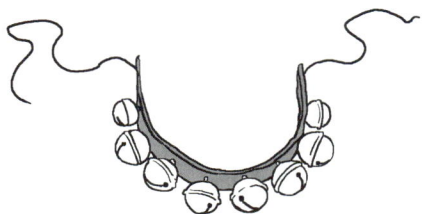

Thema:
Rhythmische Darstellung

Kompetenzbereiche:
Laute und Rhythmusinstrumente kennenlernen, Kreativität entfalten

Angrenzender Bildungsbereich:
Forschen und entdecken

Kinder:
2–6

Schwierigkeitsgrad:
★ ★ ☆ ☆ ☆

Vorbereitung:
2 Min.

Aktivität:
10 Min.

Material:
verschiedene Instrumente (z. B. Triangel, Glöckchen, Schellenband, Klanghölzer, kleine Trommeln, kleine Regenstäbe)

Gestaltungsvorlage: Bildkarten „Winter"

✂

Gestaltungsvorlage: Personenkarten „Winter"

✂

Kreativität und Musik

Vorbemerkungen

Kinder lernen ihre Umwelt kennen, indem sie sie mit allen Sinnen wahrnehmen und sich spielend mit ihr auseinandersetzen. Sie (er)finden dabei unzählige Wege und Mittel, ihre Eindrücke zu ordnen und ihre Gefühle und Gedanken auszudrücken. Neugier und Lust am kreativen Tun sind dabei wesentliche Antriebskräfte für die Persönlichkeitsentfaltung. Mit der gleichen Neugier und Faszination begegnen Kinder der Musik. Sie lieben es, den Geräuschen und Klängen ihrer Umgebung nachzugehen und selbst Töne zu produzieren. Musik ist wie künstlerisches Gestalten ein wesentliches Ausdrucksmittel und regt die kindliche Fantasie und Kreativität an. Eine Entwicklung in diesem Bereich hängt stark von der Fähigkeit zu differenzierter Wahrnehmung ab. Dies ist ein wichtiger Ansatzpunkt für die musisch-ästhetischen Bildungsangebote dieses Kapitels.

Im Winter bieten zahlreiche Naturphänomene Anreize für die Sinne: Die bunt schimmernden Reflexe des Sonnenlichts, das auf Schneeflächen fällt, Eiskristalle an Fensterscheiben, Eiszapfen, Raureif und Schneeflächen, die aus der gewohnten Umgebung beinahe eine neue Welt machen – all diese Phänomene regen zu kreativen Aktivitäten an. Schnee spielt als natürliches Material, das geformt und gestaltet werden kann, eine große Rolle. Die Auseinandersetzung mit Naturmaterialien, aber auch mit anderen Werkmaterialien, lässt Kinder eigene Gestaltungswege entdecken. Dies fördert ihre Kreativität im Denken und Handeln.

Ebenso kann die akustische Seite des Winters, etwa die Tropfgeräusche bei Tauwetter oder das Knirschen von Schritten im Schnee, zu einer Entdeckungsreise werden, die Kindern vielfältige Wahrnehmungsmöglichkeiten bietet und ihre Fantasie anregt. Dem gemeinsamen Singen kommt bei der musikalischen Bildung eine große Bedeutung zu. Lieder, die von Besonderheiten in der Natur, von Tieren im Schnee, von Geborgenheit und Gemeinschaft erzählen, schaffen die Anbindung zum Thema und geben den Kindern gleichermaßen die Möglichkeit, sich mit ihrem ganz persönlichen Musikinstrument – ihrer Stimme – auszudrücken. Darüber hinaus machen sie vielfältige soziale Erfahrungen: etwa aufeinander reagieren, einander

zuhören, einem anderen den Vortritt lassen oder Vereinbarungen einhalten.

Die Möglichkeit zu hören, zu singen, sich zu bewegen und Rhythmus zu erleben sowie eigene Gestaltungswege zu entdecken, gibt Kindern die Chance, spielend und mit allen Sinnen zu lernen.

Aktivgeschichte

Die Aktivgeschichte „Eine weiße Familie" handelt von den Geschwistern Jan und Annika, die früh aufwachen und sich auf einen gemeinsamen Sonntag freuen. Diese Situation kennen viele Kinder: Sie sind schon lange wach und voller Tatendrang, aber die Eltern möchten weiterschlafen.

Überrascht stellen die Kinder in der Geschichte fest, dass draußen alles weiß ist: Es hat geschneit. Dies ist ein guter Grund, die Eltern sofort zu wecken! Und tatsächlich: Die Eltern freuen sich wie die Kinder über den Schnee und alle rufen: „Draußen ist es weit und breit, dick und tief und weiß verschneit!" Sie laufen in den Schnee und bauen sogleich eine ganze Schneefamilie: Schneefrau, Schneemann und Schneekind.

Die Aktivgeschichte und das Lied „Draußen ist es weit und breit" (S. 44) sind Ausgangspunkt für eine Reihe von aufeinander aufbauenden Aktivitäten, die die Kinder je nach Interesse aber auch einzeln umsetzen können. Das Lied ist dabei ein fester Bestandteil der Umsetzung.

Praxisseiten

Neben den Aktivitäten mit direktem Bezug zur Aktivgeschichte bilden künstlerische Aktivitäten in der Natur einen weiteren Schwerpunkt: Die Kinder sammeln Erfahrungen im Umgang mit verschiedenen Materialien und Werkzeugen wie Pappmaschee, Holz,

Draht, Farben, Gläsern, Säge und Werkbank (S. 46 – 48, 60). In Kleingruppen können sie sich Schnee- und Winterspiele ausdenken und in einer Gemeinschaftsarbeit kreativ festhalten (S. 45).

Das „Winterlied" (S. 61) und weitere Lieder mit gestischen Begleitungsmöglichkeiten (S. 56–59) können die Kinder immer wieder singen, darstellen oder während eines Winterfests präsentieren.

Die Kindern kreieren in der Sonne glitzernde Windspiele aus Eis, die auf dem Außengelände aufgehängt werden (S. 49). Sie können als Erweiterung im Rahmen dieser Aktivität auch mit natürlichen Farbstoffen aus Tee oder Gewürzen gefärbtes Eis herstellen. Die Windspiele aus Eis sind Ausgangspunkt für Beobachtungen, was bei Wind, Regen oder Tauwetter geschieht.

Die Aufmerksamkeit liegt dabei auch auf der Wahrnehmung der akustischen Phänomene. Die Kinder stellen das Tropfen des Eises bei Tauwetter, den Rhythmus der Geräusche oder das klirrende Aneinanderschlagen der Eisformen bei Wind mit verschiedenen Rhythmusinstrumenten oder selbst hergestellten Rasseln dar (S. 55).

Den Wald lernen die Kinder durch das Legen von größeren Mandalas mit Naturmaterialien auf eine ganz besondere Weise kennen (S. 51). Sie beobachten natürliche Veränderungen, indem sie in bestimmten Abständen das gelegte Mandala besichtigen. Neben der Naturerfahrung bietet die Gestaltung des Mandalas auch ästhetische und räumlich-geometrische Erfahrungen. Ähnlich verhält es sich bei der Aktivität „Malen in Schnee oder Sand" (S. 50).

Die Kinder lernen regionales Brauchtum kennen, denn Karneval, Fastnacht oder Fasching wird je nach Region unterschiedlich gefeiert. Neben dem Lied „Hei, wir feiern überall!" mit mimisch-gestischer Begleitung (S. 52/53) bieten eine Aktivität (S. 54) und die Vorlagen auf den Seiten 62 und 63 Anregungen zum Herstellen und Gestalten von Masken. Das Fest kann beginnen!

Kreativität und Musik

Aktivgeschichte: Eine weiße Familie

Die Sonne scheint ins Zimmer und kitzelt Jan an der Nase.
Davon wacht er auf. Wie das kribbelt!

„Hatschi! Hatschi!" niesen
Jan muss **niesen**.
gähnen
Er **gähnt** laut.
sich recken und strecken
Er **reckt und streckt** sich.
Heute ist Sonntag, da soll Jan Mama und Papa nicht wecken.
Annika **schläft** auch noch.

Hände mit den Handflächen
aufeinanderlegen und an die
Wange halten, Augen schließen
leise schnarchen: „Rapüüh!
Jan kann hören, wie seine Schwester **ganz leise schnarcht**.
Rapüüh!"

Niemand ist wach. Keiner spielt mit Jan. Das ist total langweilig.
Jan springt aus dem Bett und läuft zum Fenster.
Was ist das?
In der Nacht hat es geschneit
und jetzt glitzert der ganze Garten im Sonnenlicht!

„Hurra!" rufen
„Hurra!", ruft Jan
in die Hände klatschen
und **klatscht in die Hände**.
Sein Herz hüpft vor Freude.

Jan singt laut:
nach draußen zeigen
„Draußen ist es
die Arme weit ausbreiten
weit und breit,
die flache Hand über den
dick und tief und weiß verschneit!
Boden halten
laut „juchhe!" rufen und dabei
Ich bau heut – **juchhe!** –
die Arme in die Luft werfen

einen Mann aus Schnee!"

mit den Händen vor sich die Schneemannform nachfahren:
„einen" – Kopfkugel
„Mann aus" – Bauchkugel
„Schnee" – untere Kugel

Jan rennt zu Annika.
Mit einem Bettdeckenzipfel kitzelt er sie an der Nase.
Dabei ruft er: „Aufstehen! Es hat geschneit!"
In Annikas Nase kribbelt es.
Sie muss **niesen**.
Sie **gähnt** laut.
Sie **reckt** und **streckt** sich.
Dann springt sie aus dem Bett und läuft zum Fenster.
„Hurra!", ruft sie
und **klatscht in die Hände**. Alles ist weiß!
Vor Freude singt auch Annika laut:
„Draußen ist es
weit und breit,
dick und tief und weiß verschneit!

Ich bau heut – **juchhe!** –

einen Mann aus Schnee!"

„Hatschi! Hatschi!" niesen
gähnen
sich recken und strecken

„Hurra!" rufen
in die Hände klatschen

nach draußen zeigen
die Arme weit ausbreiten
die flache Hand über den
Boden halten
laut „juchhe!" rufen und dabei
die Arme in die Luft werfen
mit den Händen vor sich die
Schneemannform nachfahren:
„einen" – Kopfkugel
„Mann aus" – Bauchkugel
„Schnee" – untere Kugel

Heute ist ein besonderer Tag: Heute ist ein Schnee-Sonntag
und an einem Schnee-Sonntag darf man die Eltern wecken,
da sind sich Jan und Annika ganz sicher.
Auf Zehenspitzen schleichen die beiden **leise**
ins Elternschlafzimmer.
Papa und Mama **schlafen** noch tief und fest.

auf Zehenspitzen leise trippeln

Hände mit den Handflächen
aufeinanderlegen und an die
Wange halten, Augen schließen

Papa **schnarcht wie eine rostige Säge**.
Mamas **kleine Schnarcher** klingen niedlich.

laut schnarchen
leise schnarchen: „Rapüüh!
Rapüüh!"

Jan packt Papas Bettdeckenzipfel und Annika packt Mamas Bett-
deckenzipfel. Sie kitzeln die Eltern an den Nasen.
In der Papa-Nase kribbelt es. In der Mama-Nase kribbelt es auch.
Papa und Mama müssen **niesen**.
Die beiden **gähnen**.
Papa **reckt** sich und Mama **streckt** sich.

„Hatschi! Hatschi!" niesen
gähnen
sich recken und strecken

Kreativität und Musik

„Was ist los?", fragen sie verschlafen.
„Aufstehen! Es hat geschneit!", rufen Jan und Annika –
und dann fangen sie an zu singen:
„**Draußen** ist es
weit und breit,
dick und tief und weiß verschneit!

Wir bau'n heut – **juchhe!** –

einen Mann aus Schnee!"

nach draußen zeigen
die Arme weit ausbreiten
die flache Hand über den
Boden halten
laut „juchhe!" rufen und dabei
die Arme in die Luft werfen
mit den Händen vor sich die
Schneemannform nachfahren:
„einen" – Kopfkugel
„Mann aus" – Bauchkugel
„Schnee" – untere Kugel

laut seufzen

Mama und Papa **seufzen**.
Sie würden so gerne noch ein wenig schlafen,
aber Jan und Annika haben keine Zeit. Sie wollen jetzt sofort
in den Garten gehen und einen Schneemann bauen.
Und Mama und Papa sollen gleich mitkommen!
Die Kinder holen ihre Jacken, Schals, Handschuhe und Stiefel
und rennen hinaus. Papa und Mama ziehen sich auch warm an
und gehen in den Garten.
Der Schnee glitzert in der Sonne und knirscht unter den Füßen.
Die Bäume und Sträucher sind weiß gepudert
und die Zaunpfähle tragen kleine, weiße Mützen.
Es ist herrlich!

Papa macht einen kleinen Schneeball und rollt ihn durch den
Garten. Der Schneeball wächst und wächst.
Papa ruft: „Das macht Spaß! Jetzt bin ich wach!"
Und dann singt er laut:
„**Draußen** ist es
weit und breit,
dick und tief und weiß verschneit!

Ich bau heut – **juchhe!** –

einen Mann aus Schnee!"

nach draußen zeigen
die Arme weit ausbreiten
die flache Hand über den
Boden halten
laut „juchhe!" rufen und dabei
die Arme in die Luft werfen
mit den Händen vor sich die
Schneemannform nachfahren:
„einen" – Kopfkugel
„Mann aus" – Bauchkugel
„Schnee" – untere Kugel

Mama hat auch viel Spaß.
Sie rollt Kugeln für eine gemütliche, lustige Schneefrau.

Dabei singt sie genauso fröhlich wie Papa:
„**Draußen** ist es
weit und breit,
dick und tief und weiß verschneit!

Ich bau heut – **juchhe!** –

eine Frau aus Schnee!"

nach draußen zeigen
die Arme weit ausbreiten
die flache Hand über den
Boden halten
laut „juchhe!" rufen und dabei
die Arme in die Luft werfen
mit den Händen vor sich die
Schneemannform nachfahren:
„eine" – Kopfkugel
„Frau aus" – Bauchkugel
„Schnee" – untere Kugel

Papas Schneemann ist schon fast fertig.
Er braucht nur noch einen Besen und einen Topf als Hut.
Papa läuft ins Haus, um die Sachen zu holen.

Da hat Mama eine Idee! Auf dem Dachboden findet sie in der
alten Kleidertruhe ein buntes Kopftuch und eine alte Sonnenbrille.
Damit sieht Mamas Schneefrau prima aus!

Jan und Annika sind noch fleißig.
Der Schneemann und die Schneefrau müssen nämlich
unbedingt ein Schneekind haben.
Sie rollen Schneekugeln und singen dabei:
„**Draußen** ist es
weit und breit,
dick und tief und weiß verschneit!

Wir bau'n heut – **juchhe!** –

uns ein Kind aus Schnee!"

nach draußen zeigen
die Arme weit ausbreiten
die flache Hand über den
Boden halten
laut „juchhe!" rufen und dabei
die Arme in die Luft werfen
mit den Händen vor sich die
Schneemannform nachfahren:
„ein" – Kopfkugel
„Kind aus" – Bauchkugel
„Schnee" – untere Kugel

Das Schneekind wird niedlich. Auf dem Kopf trägt es
Jans Baseballkappe und im Arm hält es Annikas Teddy.
Außer Atem, mit roten Wangen und sehr stolz stehen
Jan und Annika mit Papa und Mama vor ihrem Werk.
Jan grinst und sagt: „Jetzt wohnen hier zwei Familien:
Wir und eine weiße Familie!"

Kreativität und Musik

Draußen ist es weit und breit

Text: Barbara Peters
Musik: Kristina Hansen

R.: Drau - ßen ist es weit und breit, dick und tief und weiß ver-schneit.

1. Ich bau heut – juch - he! – ei - nen Mann aus Schnee!

2. Ich bau heut – juchhe! –
   eine Frau aus Schnee!

3. Wir bau'n heut – juchhe! –
   uns ein Kind aus Schnee!

Spiele im Schnee

Die Aktivgeschichte „Eine weiße Familie" ist Ausgangspunkt für Über-legungen, was die Kinder selbst gerne mit ihrer Familie im Schnee machen möchten. Sie gestalten ein Plakat dazu.

So geht's:

- Sammeln Sie mit den Kindern Ideen und Vorstellungen von einem Tag im Schnee und besprechen Sie, wie dies auf einem Plakat aussehen könnte.

- Vermischen Sie in mehreren Behältnissen verschiedene Pulverfarben mit Kleister. Auch Weiß und Schwarz sollten dabei sein. Je mehr Farbpulver, desto intensiver wird die Farbe.

- Auf einem großen Maltisch oder auf dem abgedeckten Fußboden liegen Tapetenstreifen mit der Rückseite nach oben, Pinsel und die anderen Materialien bereit.

- Die Kinder gestalten paarweise oder zu dritt ein Plakat.

- Die angerührten Pulver-Kleisterfarben werden mit den Fingern auf das Plakat aufgetragen. Die Pinsel können beim Malen von Konturen zum Einsatz kommen.

- Die anderen Materialien wie Papp- und Papierschnipsel, Stoff, Natur-materialien und Watte können die Kinder direkt auf den Pulverfarben festdrücken. So kann etwa das Dach eines Hauses mit Watte als Schnee beklebt werden, es können Schneemänner aus Watte oder kleinen Styroporstücken entstehen, gemalte Bäume können unter Schnee aus Papierschnipseln hervorschauen oder kleine Zweige Hecken darstellen. Aus getrockneter Rinde wird vielleicht ein Weg hergestellt.

- Wenn die Bilder getrocknet sind, können sie als Raumdekoration ver-wendet oder im Rahmen einer Winterausstellung im Kindergarten präsen-tiert werden.

Tipps:

- Mit den Fingern zu malen, zu kleben und zu reißen fördert die Senso-motorik und intensiviert das Gestaltungserlebnis.

- Statt der Pulverfarben eignen sich auch herkömmliche Fingerfarben.

Thema:
Familie

Kompetenzbereiche:
Erzählfähigkeit entwickeln,
Kreativität entfalten,
Feinmotorik weiterentwickeln

Angrenzende Bildungsbereiche:
Forschen und entdecken,
Sprache und Literacy

Kinder:
2–6

Schwierigkeitsgrad:
★ ★ ☆ ☆ ☆ ☆ bis ★ ★ ★ ★ ★ ☆

Vorbereitung:
10 Min.

Aktivität:
20–25 Min.

Material:
mehrere Farbbehälter, Pulver-farben (Farbpigmente), Kleister, Tapete, verschieden dicke Borstenpinsel, Papp- und Papierschnipsel (farbig, weiß), Stoffreste, Natur-materialien, Watte, Styropor, Rinde; ggf. Fingerfarben

Thema:
Familie

Kompetenzbereiche:
Feinmotorik weiterentwickeln,
Kreativität entfalten

**Angrenzende
Bildungsbereiche:**
Forschen und entdecken

Kinder:
2–5

Schwierigkeitsgrad:
★ ★ ★ ☆ ☆ ☆

Vorbereitung:
15 Min. (Tag 1)
5 Min. (Tag 2)

Aktivität: 30 Min.

Material:
Zeitungspapier, Kleister,
Zahnstocher, weiße Finger-
farbe, Watte, verschieden-
farbiges Tonpapier (vorzugs-
weise schwarz und orange),
Stoffreste, kleine dunkle
Knöpfe, Heißklebepistole,
Wolle

Material pro Kind:
Pinsel, Schere

Unsere Schneemannfamilie

Wenn die Kinder die Aktivgeschichte „Eine weiße Familie" kennen, haben
sie bestimmt Freude daran, ebenfalls eine Schneefamilie auf dem Außengelände des Kindergartens zu bauen. Falls kein Schnee liegt, können sie
diese auch aus anderen Materialien gestalten.

So geht's:

- Am Vortag formen die Kinder aus Zeitungspapier Kugeln für die Bäuche
  der Schneefamilie (etwa Tennisballgröße) und kleinere Kugeln für die
  Köpfe. Die Kugeln werden mit den Händen oder mit einem Pinsel mit
  Kleister bestrichen und nochmals mit Zeitung umwickelt. Wenn die
  Kugeln getrocknet sind, können sie weiterverarbeitet werden.

- Stellen Sie alle Materialien bereit.

- Die Kinder verbinden die Bäuche und Köpfe der Schneefamilie mit
  Zahnstochern und zusätzlichem Kleister miteinander.

- Kopf und Körper können sie z. B. mit weißer Fingerfarbe anmalen oder
  mit Watte bekleben.

- Dann wird die Schneefamilie individuell gestaltet. Die Kinder entwickeln
  mithilfe der Materialien eigene Ideen zur Gestaltung. Machen Sie keine
  konkreten Vorschläge, wenn ein Kind Hilfe braucht, sondern regen Sie es
  mit Impulsen an. Vielleicht bittet ein Kind auch um weitere Materialien,
  damit es seine Ideen umsetzen kann.

- Mögliche Gestaltungsideen sind: Die Schneefamilie kann Kopfbedeckun-
  gen aus Tonpapier oder aus Stoffresten tragen. Mit der Heißklebepistole
  bringen Sie Knöpfe als Augen an. Die Kinder schneiden Münder und
  Möhrennasen aus schwarzem und orangefarbenem Tonpapier aus und
  kleben sie auf die Gesichter. Aus Wollfäden flechten sie bunte Schals für
  die Schneefamilie.

Tipp:

Die Kinder gestalten aus Pappmaschee eine Modell-Winterlandschaft,
in die sie die Schneefamilie stellen können (S. 47).

Modell-Winterlandschaft

Nachdem die Kinder die Aktivgeschichte „Eine weiße Familie" kennengelernt und eine eigene Schneefamilie aus Pappmaschee gestaltet haben (S. 46), entsteht vielleicht der Wunsch, für die Schneefamilie eine Winterlandschaft zu bauen.

So geht's:

- Legen Sie die Spanplatte auf die Werkbank oder einen ausreichend großen Tisch.

- Befestigen Sie den Maschendraht nur an einigen Punkten mit dem Tacker am Rand der Spanplatte, sodass die Kinder noch unter den Draht fassen können. Der locker liegende Maschendraht auf der Platte wird zu Bergen, Hügeln und Tälern geformt. Füllen Sie mit den Kindern die Hohlräume unter dem Draht mit zerknülltem Zeitungspapier. Dann wird der Draht am Plattenrand an weiteren Stellen fixiert. Er sollte auch an den Stellen, die Täler darstellen, fixiert werden, damit Draht und Zeitungspapier nicht mehr verrutschen.

- Die Kinder weichen nun Zeitungspapierstreifen in Kleister ein, breiten diese Streifen über der Landschaft aus Maschendraht aus und drücken sie leicht fest, bis die ganze Drahtlandschaft in mehreren Lagen mit Zeitungspapier bedeckt ist.

- Die Landschaft muss mindestens einen Tag trocknen.

- Die Kinder malen die getrocknete Landschaft mit weißer Wandfarbe an.

- Während die Farbe trocknet, überlegen die Kinder, an welcher Stelle sie ihre Schneefamilie aufstellen wollen. Vielleicht denken sie sich kleine Geschichten aus, nach denen sie ihre Schneefamilie gruppieren.

- Die Kinder können noch weitere winterliche Akzente mit Watte und Styropor in die Landschaft setzen oder Tannen aus Tonkarton herstellen. Mit Watte verziert und aufrecht in kleine Stücke Knetgummi gesteckt, beleben sie die Winterlandschaft.

Tipps:

- Die Kinder stellen Häuser aus Holzresten (S. 48) her und integrieren sie in die Landschaft oder stellen sie um die Spanplatte herum.

- Vielleicht möchten die Kinder Katinkas und Prinz Ochnöös Winterspiele aus der Aktivgeschichte „Prinz Ochnöö" (S. 90–94, 99) in die Landschaftsgestaltung miteinbeziehen. Sie können z. B. kleine Figuren, Schlitten und andere Wintersportgeräte aufmalen, auf Pappe kleben und mit Knetgummistückchen in die Landschaft stellen.

Thema:
Natur im Winter

Kompetenzbereiche:
Feinmotorik weiterentwickeln, Kreativität entfalten

Angrenzende Bildungsbereiche:
Forschen und entdecken, Sprache und Literacy

Kinder:
2–4

Schwierigkeitsgrad:
★★☆☆☆ bis ★★★★★☆

Vorbereitung:
10 Min.

Aktivität:
30–45 Min. (Tag 1)
30–45 Min. (Tag 2)

Material:
Spanplatte (ca. 1,50 x 1,50 m), Stück Maschendraht (ca. ein Drittel größer als die Spanplatte), Tacker, Zeitungspapier, Kleister, weiße Wandfarbe, Watte, Styropor, grüner und brauner Tonkarton, Knetgummi; ggf. Papier, Pappe, Buntstifte

Material pro Kind:
breitborstiger Pinsel, Schere; ggf. Schneemannfamilie aus Pappmaschee (S. 46), Haus (S. 48) und weitere Figuren

Kreativität und Musik

Thema:
Natur im Winter

Kompetenzbereiche:
räumliche Wahrnehmung
verfeinern, Werkzeuge
kennenlernen, Feinmotorik
weiterentwickeln, Kreativität
entfalten

**Angrenzende
Bildungsbereiche:**
Forschen und entdecken,
Sprache und Literacy

Kinder:
1–2

Schwierigkeitsgrad:
★ ★ ★ ★ ★ ★

Vorbereitung:
5 Min.

Aktivität:
20–30 Min. (Tag 1)
20–30 Min. (Tag 2)

Material:
Holzreste (Würfel oder Quader),
dementsprechende Stücke
Sperrholz (ca. 5–8 mm dick),
Laubsäge, Werkbank,
Schmirgelpapier, Holzleim,
Plakafarben, verschiedene
Pinsel, Stift, Papier, Schere,
Watte

Winterhäuser

Diese Aktivität eignet sich zur Erweiterung der Modell-Winterlandschaft auf Seite 47. Die Kinder stellen verschneite Holzhäuser her und gestalten sie. Die Häuser werden in oder um die Winterlandschaft gestellt. Die Aktivität bietet eine gute Gelegenheit, die Kinder zum Fabulieren anzuregen – beispielsweise darüber, was in ihren Häusern passiert.

So geht's:

- Jedes Kind sucht sich aus den Holzresten im Werkraum ein Stück Holz (Würfel oder Quader) aus. In der Größe zum Holzstück passend erhält jedes Kind zwei Stücke Sperrholz (ca. 5–8 mm dick) für das Dach. Zu große Stücke können je nach Erfahrungshintergrund selbstständig oder unter Anleitung zurechtgeschnitten werden:

  – Die Laubsäge muss waagerecht gehalten werden.

  – Die Zahnspitzen des Sägeblatts müssen immer nach unten zeigen.

  – Die Säge muss gerade gehalten werden, da sie sich sonst im Holz verkeilt.

- Mit grobem Schmirgelpapier werden die Ränder geglättet.

- Die Kinder kleben die beiden Sperrholzstücke als Giebeldach auf dem größeren Holzstück fest.

- Zur weiteren Bearbeitung der Häuser muss der Holzleim getrocknet sein. Am besten bemalen die Kinder ihre Häuser erst am nächsten Tag, z.B. mit einer Tür und Fenstern.

- Auf die Dächer wird Watte geklebt, die den Schnee darstellt.

- Die Kinder können ihrem Haus einen winterlichen Namen geben. Schreiben Sie ihre Ideen auf kleine Zettel. Die Kinder kleben sie z.B. über der aufgemalten Haustür fest. So können „Haus Winterruhe" oder „Villa Schneeflocke" entstehen.

Windspiel aus Eis

Die Herstellung der Windspiele bietet eine Vielzahl von Erfahrungsmöglichkeiten über die eigentliche Aktivität hinaus. Wenn es taut, können die Kinder die Veränderung des Eiskunstwerks beobachten und Vermutungen anstellen, wie lange es noch dauern wird, bis die Formen ganz verschwunden sind, oder darüber, welche der Formen wohl zuerst geschmolzen sein wird. Die Klänge des Windspiels bei verschiedenen Windstärken oder die Geräusche, die durch das tropfende Tauwasser entstehen, können ebenso Anlass für Überlegungen sein.

So geht's:

- Die Kinder bringen kleine Plastikförmchen (Sandspielzeug) in den Kindergarten mit.

- Nachdem Sie alle Materialien bereitgestellt haben, schneiden die Kinder für jedes vorhandene Förmchen ein Stück Kordel ab (ca. 30–80 cm). Helfen Sie den Kindern, jeweils an einem Ende der Kordel ein Streichholz festzubinden.

- Stellen Sie für jede gewünschte Farbe, die das Eis nachher haben soll, eine Schüssel mit Wasser sowie eine kleine Schöpfkelle bereit. Zum Einfärben des Wassers können Sie Wasser- oder Fingerfarben nehmen. Es eignen sich auch Naturfarben, z. B. aus verschiedenen Teesorten, Säften und Gewürzen.

- Die Kinder füllen ihre Förmchen mithilfe der Schöpfkelle mit dem eingefärbten Wasser auf.

- Anschließend legen sie jeweils das Streichholzende einer Kordel in ein Förmchen.

- Die gefüllten Formen werden vorsichtig ins Eisfach oder draußen auf das Fensterbrett des Gruppenraums gestellt.

- Ist die Flüssigkeit gefroren, muss man sie zunächst ein wenig antauen lassen, bevor sich das gefärbte Eis aus der Form lösen lässt.

- Gehen Sie mit den Kindern in den Garten und suchen Sie gemeinsam einen passenden Baum aus, an dem die Eisstücke als Windspiel befestigt werden können. Hängen Sie einen Hula-Hoop-Reifen mithilfe einer Kordel waagerecht an einen niedrigen Ast, den die Kinder gut sehen können. Beraten Sie mit den Kindern, in welcher Zusammenstellung Sie die Eisstücke an den Reifen hängen sollen.

Thema:
Wasser und Eis

Kompetenzbereiche:
physikalische Entdeckungen machen, Kreativität entfalten

Angrenzende Bildungsbereiche:
Forschen und entdecken

Kinder:
2–6

Schwierigkeitsgrad:
★ ★ ★ ☆ ☆ ☆

Vorbereitung:
10 Min. (ohne die Herstellung der natürlichen Farben)

Aktivität:
10 Min. (Füllen der Förmchen, insgesamt über 1–3 Tage)

Material:
Plastikförmchen, Kordel, Streichhölzer, Wasser- oder Fingerfarben, pro Farbe eine Wasserschüssel und eine Schöpfkelle, Hula-Hoop-Reifen; ggf. verschiedene Teesorten, Rote-Bete-Saft, Heidelbeersaft, Preiselbeersaft, Spinatsaft, Curry, Safran

Kreativität und Musik

Thema:
Körperteile

Kompetenzbereiche:
räumliche Wahrnehmung und
Motorik weiterentwickeln

**Angrenzende
Bildungsbereiche:**
Forschen und entdecken

Kinder:
4

Schwierigkeitsgrad:
★ ★ ★ ★ ☆

Vorbereitung:
2 Min.

Aktivität:
10 – 15 Min.

Material:
Stock, Augenbinde, Schnee;
ggf. Sand

Malen in Schnee oder Sand

So geht's:

- Gehen Sie mit den Kindern nach draußen in den Schnee und nehmen Sie einen Stock und eine Augenbinde mit.

- Die Kinder malen zunächst mithilfe des Stocks einen Schneemann in eine unberührte Schneefläche.

- Nach diesem Durchgang erhalten sie die gemeinsame Aufgabe, einen Schneemann blind zu zeichnen.

- Das erste Kind zeichnet mit verbundenen Augen einen Kreis als Umriss des Schneemannkopfes.

- Das nächste Kind prägt sich die Lage des gezeichneten Kreises gut ein, dann werden ihm die Augen verbunden und es zeichnet mit dem Stock Augen, Nase und Mund des Schneemannes. Danach nimmt das Kind die Augenbinde ab und sieht, ob es das Gesicht passend gezeichnet hat.

- Bevor dem dritten Kind die Augen verbunden werden, sieht es sich die Lage des Schneemannkopfes genau an. Es zeichnet nun den Bauch unter den Kopf, vielleicht auch ein paar Knöpfe auf den Bauch.

- Das nächste Kind kann einen Hut zeichnen, der auf dem Kopf des Schneemanns sitzen soll.

- Die Kinder werden feststellen, wie schwierig es ist, sich blind im Raum zu orientieren und eine räumliche Vorstellung mit verbundenen Augen wiederzugeben.

- In einer nächsten Runde zeichnen die Kinder frei gewählte Motive.

Variante:

Wenn es nicht geschneit hat, können die Kinder im Sandkasten zeichnen.

Mandalas aus Naturmaterialien

Kinder gehen fantasievoll und künstlerisch mit Naturmaterialien um. Dies wird mit der folgenden Aktivität unterstützt. Vielleicht haben die Kinder bereits Eiskristall-Mandalas gemalt (S. 102). Dann können sie an diese Erfahrungen anknüpfen.

So geht's:

- Führen Sie mit den Kindern ein Gespräch über die Natur im Wandel der Jahreszeiten. Was spielen die Kinder gerne im Freien? Womit kann man im Winter draußen spielen?

- Schlagen Sie den Kindern vor, aus Naturmaterialien Mandalas zu legen.

- Gehen Sie gemeinsam in den Wald und besprechen Sie mit den Kindern, dass sie eine möglichst ebene Fläche zum Auslegen des Mandalas suchen sollen. Die Erde sollte mit einem Stock leicht einzuritzen sein. Die Kinder überlegen, welche Materialien sie sammeln können. Wahrscheinlich finden sie unter anderem kleine und große Steine, Hölzer, Moose, verschiedene Gräser und Farne, Nüsse und Rinden.

- Vielleicht wissen die Kinder schon, dass in einem Mandala bestimmte Formen wiederholt auftauchen. Überlegen Sie mit den Kindern, wie sie die gesammelten Materialien zu einem Mandala gruppieren können. Strukturieren Sie gemeinsam den Aufbau des Mandalas, indem die Umrandung und bestimmte Bereiche mit einem Stöckchen in den Boden geritzt werden. Anschließend legen die Kinder ihr Mandala mit den gesammelten Naturmaterialien aus.

- Fotografieren Sie das Mandala aus verschiedenen Perspektiven. Vielleicht kann unter Anleitung auch ein Kind diese Aufgabe übernehmen.

Tipps:

- Die Fotos des Mandalas und weitere Fotos vom Ausflug können im Rahmen eines Winterfests (S. 127) ausgestellt werden. Sie eignen sich auch als Motiv für die Einladungskarten zum Winterfest.

- Bei einem erneuten Ausflug zur Mandala-Stelle erleben die Kinder den Lauf der Natur: Wie sieht das Mandala jetzt aus? Wurden seine Bestandteile vielleicht von Tieren weggeschafft oder durch Witterungseinflüsse verändert? Eine weitere Fotografie der Stelle dokumentiert im Vergleich mit dem ersten Bild diese natürlichen Veränderungen.

Thema:
Natur im Winter

Kompetenzbereiche:
Kreativität entfalten, räumliche Wahrnehmung verfeinern, Formen kennenlernen

Angrenzende Bildungsbereiche:
Forschen und entdecken, Miteinander leben, Sprache und Literacy

Kinder:
2–6

Schwierigkeitsgrad:
★★☆☆☆

Vorbereitung:
–

Aktivität:
30–40 Min.

Material:
Naturmaterialien vor Ort, Fotoapparat

Material pro Kind:
Sammelbeutel

Kreativität und Musik

Hei, wir feiern überall!

Die Strophen sind so getextet, dass Sie entsprechend der Namen der Kinder Ihrer Gruppe ein-, zwei-, drei- und viersilbige Namen einsetzen können. Die Strophen 1A und 1B sind für Kinder mit einsilbigen Namen gedacht, die Strophen 2A und 2B für Kinder mit zweisilbigen Namen etc.

Text: Barbara Peters
Musik: Kristina Hansen

R.: Hei, wir fei-ern ü-ber-all Fa-sching, Fast-nacht, Kar-ne-val! Wir klat-schen in die Hän-de und tan-zen oh-ne En-de. Wir stamp-fen mit den Fü-ßen und wenn wir uns be-grü-ßen, dann ru-fen wir: „Hal-lo!" Fei-ern macht uns froh!

Refrain:

Hei, wir feiern überall
Fasching, Fastnacht, Karneval!
Wir klatschen in die Hände
und tanzen ohne Ende.
Wir stampfen mit den Füßen
und wenn wir uns begrüßen,
dann rufen wir: „Hallo!"
Feiern macht uns froh!

Das können die Kinder beim Singen des Refrains tun:

– *in die Hände klatschen*
– *im Kreis tanzen*
– *mit den Füßen stampfen*
– *sich verbeugen*
– *Hände als Trichter um den Mund legen und „Hallo!" rufen*
– *beide Arme nach oben in die Luft werfen*

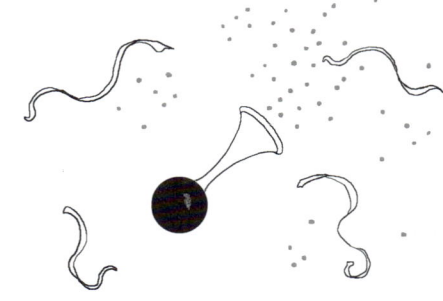

(A) 1. Und der Tim, der ruft: „Wau - wau!" Al - le wis - sen wir ge - nau:
(B) 1. Und der Tim, der geht als Maus, schaut zum Mau - se - loch he - raus.

Er ist heut ein Hund, fröh - lich und ge - sund!
Flüs - tert lei - se: „Piep! Ich hab euch so lieb!"

---

1. Strophe (A)

Und der Tim, der ruft: „Wauwau!"	– auf Hände und Füße hinuntergehen
Alle wissen wir genau:	
Er ist heut ein Hund, fröhlich und gesund!	– mit dem Po wackeln

1. Strophe (B)

Und der Tim, der geht als Maus,	– unter einen Stuhl kriechen
schaut zum Mauseloch heraus.	– zwischen den Stuhlbeinen hervorschauen
Flüstert leise: „Piep!	– ganz leise „Piep!" singen
Ich hab euch so lieb!"	– eine Kusshand machen

---

2. Strophe (A)

Seht, der Jakob reitet hier.	– auf der Stelle reiten
Er fängt einen wilden Stier.	– pantomimisch ein Lasso schwingen, werfen und zu sich ziehen
Und sein Colt ist neu.	– die Hand wie eine Pistole formen und schießen
Er ist ein Cowboy.	

2. Strophe (B)

Seht, der Jakob geht als Bär,	– dicken Bauch anzeigen
wiegt sich hin und wiegt sich her.	– hin und her schwanken
Er tappt – brumm, brumm, brumm – immer rundherum.	– brummen und sich mit schweren Schritten im Kreis drehen

---

3. Strophe (A)

Nathalie, die geht als Clown.	– lustige Grimasse schneiden
Sie ist lustig anzuschaun,	– lachen
stolpert und ruft: „Oh!	– stolpern
Ich fall auf den Po!"	– auf den Po setzen

3. Strophe (B)

Nathalie ist ein Vampir.	– auf Eckzähne zeigen
Sie zeigt ihre Zähne hier	– Zähne gefährlich fletschen
und ihr Umhang weht, wo sie geht und steht.	– Arme ausbreiten und im Kreis drehen

---

4. Strophe (A)

Katharina ist Pirat.	
Sie hat einen wilden Bart	– mit beiden Händen den Bart zeigen
und ein Bein aus Holz.	– mit steifem Bein hinken
Darauf ist sie stolz.	– mit beiden Fäusten auf die Brust trommeln

4. Strophe (B)

Katharina ist Gespenst,	– Arme weit ausbreiten
wie du's grusliger nicht kennst.	– mit den Zähnen klappern
Sie ruft laut: „Huhu!"	– laut „Huhu!" singen
Und gibt keine Ruh!	– Arme vor- und zurückschwingen

Kreativität und Musik

Thema:
Karneval

Kompetenzbereiche:
Feinmotorik weiterentwickeln,
Kreativität entfalten

**Angrenzender
Bildungsbereich:**
Körper, Bewegung und
Gesundheit

Kinder:
3–5

Schwierigkeitsgrad:
★ ★ ☆ ☆ ☆ ☆ bis ★ ★ ★ ★ ☆ ☆

Vorbereitung:
5 Min.

Aktivität:
20 Min.

Material:
ausgeschnittene Kopien der
Vorlagen (S. 62/63) auf Pappe,
Plaka- oder Fingerfarben,
Wasserbehältnisse, Filzstifte,
Dekorationsmaterialien
(Federn, Glitzerpulver, Stoff-
reste), Klebstoff, Gummiband
oder Kordel, diverse Verklei-
dungen und Schminkstifte

Material pro Kind:
heller Tonkarton (weiß, beige,
hellgrau oder gelb), Bleistift,
Schere, Pinsel

Masken und mehr

Diese Aktivität eignet sich gut zur Vertiefung des Liedes „Hei, wir feiern
überall!" (S. 52/53).

So geht's:

- Die Kinder gestalten eine Clowns- und eine Vampirmaske. Die anderen
  Figuren erhalten statt der Masken entsprechende Accessoires oder
  werden geschminkt; zum Beispiel:

  – Hund: Halsband, aufgemalte Schnauze

  – Maus: graue Mütze, aufgemalte Barthaare

  – Cowboy: Hut, Halstuch, aufgemalter Schnurrbart

  – Bär: Fellweste oder -anzug, aufgemalte Schnauze

  – Pirat: Augenklappe, Kopftuch, aufgemalter Dreitagebart

  – Gespenst: weißes Bettlaken

- Kopieren Sie die Vorlagen der Masken (S. 62/63) und übertragen Sie sie
  auf feste Pappe. Schneiden Sie die Schablonen aus.

- Anschließend legt jedes Kind eine der Schablonen auf ein Stück hellen
  Tonkarton und umrandet diese.

- Wenn die Kinder die Umrandungen möglichst genau übertragen haben,
  schneiden sie ihre Masken aus. Areale, die sie auf der Maske in verschiedenen Farben ausmalen möchten, zeichnen sie mit Bleistift ein.

- Mit Plaka- oder Fingerfarben, Filzstiften und verschiedenen Dekorationsmaterialien bemalen und bekleben die Kinder ihre Masken individuell.

- Anschließend machen Sie mit einem Locher auf der rechten und linken
  Seite der Maske jeweils ein Loch. Um die Maske am Kopf des Kindes
  befestigen zu können, ziehen Sie eine Kordel oder ein weiches Gummiband durch die Löcher.

Tipps:

- Das Lied „Hei, wir feiern überall!" (S. 52/53) und die Verkleidungen eignen
  sich auch zur Präsentation im Rahmen einer Karnevalsfeier.

- Die Kinder können mit den Masken, den angegebenen und weiteren
  Verkleidungsutensilien freie Rollenspiele entwickeln. Vielleicht erfinden
  sie mithilfe frei kombinierter Kostüme Fantasiegestalten, denen neue
  Namen gegeben werden müssen. Wie wäre es mit einem Gespenster-
  hund oder einer Piratenmausprinzessin?

Rasselbande

Zur rhythmischen Begleitung der Lieder dieses Kapitels bietet es sich an, Rasseln herzustellen. Auch während einer Karnevalsfeier lassen sich diese einsetzen.

So geht's:

- Die Kinder bringen Verpackungsmaterialien aller Art mit: alte Kartons, Plastikflaschen mit Deckel, tiefe Pappteller, Dosen etc.

- Zum Füllen der Behältnisse stellen Sie verschiedene körnige Materialien bereit.

- Die Kinder können sich ein Füllmaterial für ihre Rassel aussuchen. Vielleicht möchten sie vorher ausprobieren, wie die verschiedenen Füllmaterialien in den vorgesehenen Behältnissen klingen.

- Sie füllen ihr Behältnis etwa zur Hälfte und verschließen es anschließend, z. B. den Karton mit einem Deckel, den Pappteller mit einem anderen Pappteller, die Dose mit einer Folie, die Flasche mit einem Deckel.

- Die entstandenen Rasseln werden mit einem Klebeband dicht verschlossen.

- Jetzt können die Kinder ihren Rasseln ein individuelles Aussehen verleihen: Buntes Papier, farbiges Klebeband, Wasser- und Fingerfarben, bunte Bänder und Perlen liegen zum Verschönern der Instrumente bereit.

- Nach dem Fertigstellen der Rasseln suchen sich die Kinder ihr Lieblingswinterlied aus und begleiten es rhythmisch mit ihren neuen Instrumenten.

Thema:
Liedbegleitung

Kompetenzbereiche:
Motorik weiterentwickeln, Kreativität entfalten, Rhythmus erleben

Angrenzender Bildungsbereich:
Forschen und entdecken

Kinder:
2–4

Schwierigkeitsgrad:
★★☆☆☆

Vorbereitung:
10 Min.

Aktivität:
20 Min.

Material:
Lieder aus diesem Kapitel, gesammelte Verpackungsmaterialien, körnige Füllmaterialien (Sand, Reis, Erbsen, Bohnen), bunte Klebebänder, Folie, Schere, Kleister, buntes Papier, bunte Bänder, Perlen, Wasser- oder Fingerfarben, Pinsel

Kreativität und Musik

A, b, c, die Katze lief im Schnee

Text und Musik:
Volksgut

1. A, b, c, die Kat - ze lief im Schnee,

und als sie wie - der raus - kam, da hatt sie wei - ße Stie - fel an.

A, b, c, die Kat - ze lief im Schnee.

2. A, b, c, die Katze lief zur Höh'.
   Sie leckt ihr kaltes Pfötchen rein
   und putzt sich auch die Stiefelein.
   A, b, c, die Katze lief zur Höh'.

Schneeflöckchen, Weißröckchen

Text und Musik:
Volksgut

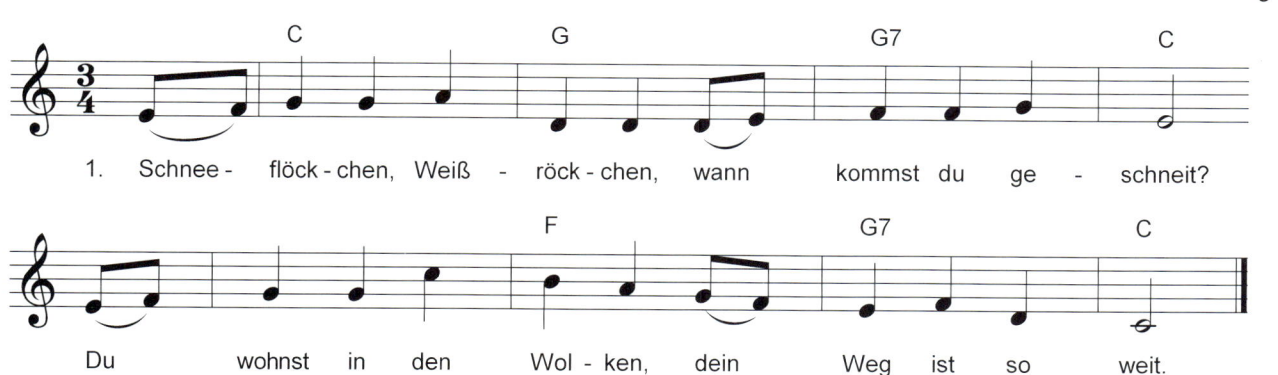

1. Schnee - flöck - chen, Weiß - röck - chen, wann kommst du ge - schneit?

Du wohnst in den Wol - ken, dein Weg ist so weit.

2. Komm, setz dich ans Fenster, du lieblicher Stern,
   malst Blumen und Blätter, wir haben dich gern.

3. Schneeflöckchen, du deckst uns die Blümelein zu,
   dann schlafen sie sicher in himmlischer Ruh.

4. Schneeflöckchen, Weißröckchen, komm zu uns ins Tal,
   dann bau'n wir den Schneemann und werfen den Ball.

Kreativität und Musik

Schneeflöckchen tanzen

Die Kinder stehen im Kreis. Mit den Gesten können sie das Singen des Liedes begleiten:

1. Strophe:

Schneeflöckchen,

die Hände von oben nach unten bewegen, dabei die Finger bewegen

Weißröckchen,

die Hände rechts und links der Hüfte, wie ein Röckchen abstehend, nach außen halten

wann kommst du geschneit?

die Hände den imaginären Flocken entgegenstrecken

Du wohnst in den Wolken,

mit dem Zeigefinger einen Wolkenumriss in die Luft zeichnen

dein Weg ist so weit.

winken

2. Strophe:

Komm,

mit einer Hand imaginäre Schneeflocken heranwinken

setz dich ans Fenster,

sich hinsetzen, mit dem Zeigefinger ein Fenster in die Luft zeichnen

du lieblicher Stern,

die Arme nach oben strecken, dabei die Finger spreizen

malst Blumen und Blätter,

mit dem Zeigefinger eine Blume in die Luft zeichnen

wir haben dich gern.

dem rechten Nachbarkind im Kreis vorsichtig über die Wange streichen

3. Strophe:

Schneeflöckchen,

die Hände von oben nach unten bewegen, dabei die Finger bewegen

du deckst uns die Blümelein zu,

die Hände horizontal hin- und herbewegen

dann schlafen sie sicher

Kopf schräg halten, Handflächen aneinander und an die Wange legen

in himmlischer Ruh.

Augen schließen

4. Strophe:

Schneeflöckchen,

die Hände von oben nach unten bewegen, dabei die Finger bewegen

Weißröckchen,

die Hände rechts und links der Hüfte, wie ein Röckchen abstehend, nach außen halten

komm zu uns ins Tal,

mit den Händen heranwinken

dann bau'n wir den Schneemann

mit den Händen einen Schneemannkopf und -bauch in die Luft zeichnen

und werfen den Ball.

mit einer Hand eine wegwerfende Bewegung machen

Kreativität und Musik

Thema:
Schnee

Kompetenzbereiche:
Feinmotorik weiterentwickeln,
Kreativität entfalten

**Angrenzender
Bildungsbereich:**
Forschen und entdecken

Kinder:
1–5

Schwierigkeitsgrad:
★★☆☆☆

Vorbereitung:
10 Min.

Aktivität:
20 Min.

Material:
Plastikschnee und Glitzerplättchen, Spülmittel, Heißklebepistole, Plaka- oder
Acrylfarben, Lied (S. 57);
ggf. Tannenzweige

Material pro Kind:
Marmeladenglas mit Schraub-
deckel, 1–3 Plastikfiguren,
Pinsel; ggf. Kunststoffkugeln

Schneekugeln

So geht's:

- Die Kinder bringen Marmeladengläser mit Schraubverschlüssen und kleine Figuren mit, die in die Gläser passen. Dabei kann es sich um Tiere, Menschen, Fabelwesen, Bäume, Häuser und Ähnliches handeln.

- Die Deckel der Gläser können die Kinder individuell mit Plaka- oder Acrylfarben bemalen.

- Wenn die Farben getrocknet sind, können die Kinder die Anordnung der Figuren im Deckel arrangieren.

- Befestigen Sie die Figuren mit einer Heißklebepistole im Deckel.

- Vorsichtig streuen die Kinder etwas Plastikschnee und Glitzerplättchen in ihre Gläser.

- Anschließend füllen sie die Gläser mit Wasser und jeweils einem Tropfen Spülmittel auf.

- Wenn die angeklebten Figuren getrocknet sind, wird der Deckel auf das gefüllte Wasserglas geschraubt. Damit kein Wasser entweicht, können Sie den Deckel zusätzlich mit der Heißklebepistole abdichten.

- Jetzt können die Kinder ihre Gläser schütteln und es schneien lassen. Vielleicht singen Sie zum Abschluss mit ihnen das Lied „Schneeflöck-chen, Weißröckchen" (S. 57).

Tipp:

Kleine Plastikfiguren können auch in durchsichtige, aus zwei Teilen beste-hende Kunststoffkugeln geklebt werden. Diese sind im Fachhandel erhält-lich. Mehrere Kugeln können als winterliche Dekoration an Tannenzweige gehängt werden und den Gruppenraum verschönern.

Ein Winterlied

Text: Barbara Peters
Musik: Susanne Geilke

R.: Durchs ver-schnei-te Wäld-chen lau-fen und im Schnee mit Freun-den rau-fen.

Tal-wärts mit dem Schlit-ten brau-sen, ü-bers blan-ke Eis hin-sau-sen.

Ku-geln für den Schnee-mann rol-len, ü-ber wei-ße Wie-sen tol-len. _____

1. Im Win-ter ruht die Er-de sich vom Blühn und Wach-sen aus.

Wenn's still und weiß wird rings um mich, dann muss ich flink hi-naus:

2. Die dicke Jacke nehm ich mir,
   die Mütze und den Schal,
   auch Handschuh, weil ich sonst so frier,
   denn ich hab keine Wahl:

3. Ich brauche eine Schneeballschlacht,
   Eiszapfen, Pulverschnee,
   die Winterluft, den Frost, der kracht,
   die Krähen überm See.

4. Und wenn ich müde schlafen geh
   in dunkelblauer Nacht,
   dann träum ich noch von Eis und Schnee
   und kalter Winterpracht!

Gestaltungsvorlage: Maske „Clown"

Gestaltungsvorlage: Maske „Vampir"

✂

Forschen und entdecken

Vorbemerkungen

Kinder sind Forscher und Entdecker. Sie wollen die Welt, in der sie leben, verstehen und selbsttätig begreifen. Oft haben sie Fragen, die manchmal gar nicht so einfach zu beantworten sind: Warum sieht Schnee weiß aus? Wie lebt der Biber in seiner Burg? Sehen alle Eiskristalle gleich aus?

Kindliche Fragen sind Ausdruck des Wunsches, sich die eigene Lebenswelt anzueignen und sich selbst als Teil dieses Gefüges zu erfahren. Ihr freudiges Interesse an alltäglichen Phänomenen ist ein großer Schatz, denn mit der frühen Unterstützung ihres Vergnügens an naturwissenschaftlichen Themen kann eine Grundlage für die lebenslange Neugier an unserer Umwelt geschaffen werden. Die Sensibilisierung für die Schönheit der Erde steht dabei an erster Stelle. Dies schließt auch einen verantwortungsvollen Umgang mit den Ressourcen unseres Planeten mit ein. Schon im Gruppenalltag lernen die Kinder beispielsweise, beim Zähneputzen oder Händewaschen sparsam mit Wasser umzugehen. Auf dem Außengelände des Kindergartens erleben sie das Pflanzen, Wässern und Ernten von Kräutern und vielleicht sogar von Gemüse. Sie können Samen säen und das Wachstum von Blumen beobachten. Im Herbst erfahren die Kinder, dass die Beete winterfest gemacht werden und in der kalten Jahreszeit ruhen.

Wenn es Kindern möglich ist, Bezüge zu ihrer Lebenswelt herzustellen, können sie auch scheinbar schwierige Sachverhalte begreifen. Je mehr Erfahrungen das Kind im Zusammenhang mit einem Thema machen kann – je größer also die Vernetzung von erlebten Wissensinhalten ist –, desto umfassender und anhaltender wird sein Wissen darüber sein. Auch seine Fähigkeit, selbstständig Verbindungen zwischen Erlebnissen zu knüpfen, wird durch ein ganzheitliches Lernkonzept gestärkt. Durch die aktive Aneignung von Wissen wird dieses positiv in seiner Erinnerung verankert. Das Kind macht die für sein zukünftiges Leben wichtige Erfahrung, dass Lernen mit spannenden Fragestellungen verbunden ist und auch Freude bereitet.

Wissen und Orientierung in der Welt erlangen Kinder demnach durch direkte Anschauungsmöglichkeiten und die Aneignung kausaler Denkprozesse. Auch der Aufbau sozialer Kompetenzen spielt in diesem Zusammenhang eine wichtige Rolle: Indem die Kinder mit- und voneinander lernen, werden sie nicht nur zu Entdeckern, sondern auch zu aktiven Gestaltern ihrer Erlebniswelten.

Aktivgeschichte

In der Aktivgeschichte „Der verschwundene See" erlebt das Eichhörnchen Purx zum ersten Mal in seinem Leben einen verschneiten Winter. Aufgeregt stellt es eines Morgens fest, dass alle ihm vertrauten Dinge verschwunden sind: die Pfütze, in der es sich so gern spiegelt, der Waldweg, der zum See führt – alles ist weiß! Als Purx auch den verschneiten See nicht finden kann, kommt ihm glücklicherweise die alte Waldmaus zu Hilfe. Sie erklärt Purx, was es mit Schnee und Eis auf sich hat. Fröhlich stellt das Eichhörnchen fest, dass es nun auf dem zugefrorenen See prima rutschen kann.

Die Kinder werden aktiv an der Geschichte beteiligt, indem sie handlungskommentierende Gesten ausführen und kleine Textstücke wiederholen. So lernen sie spielerisch Körperteile und Richtungen zu benennen, die Gefühle von Purx nachzuvollziehen und Reime zu memorieren. All das fördert die Erweiterung des Wortschatzes und macht natürlich viel Spaß!

Zusammen mit Purx werden die Kinder im Laufe der Geschichte mit verschiedenen winterlichen Naturphänomenen konfrontiert, denen es nachzugehen gilt. Purx' Unerfahrenheit ist liebevoll dargestellt, sein Forscherdrang wirkt ansteckend. Auch Kinder erleben gerade den Winter immer wieder mit neuer Faszination: Wann wird es endlich schneien? Friert der See in diesem Jahr zu? Was machen die Tiere im Winter?

Praxisseiten

Bei der Auswahl der Aktivitäten wurde auf eine ausgewogene Mischung der Sozialformen geachtet, sodass die Kinder sowohl miteinander als auch mit Erwachsenen oder selbstständig spielen und arbeiten können.

Neben Aktivitäten, die sich direkt auf die Aktivgeschichte beziehen, bietet dieses Kapitel Praxisseiten, die sich mit heimischen Tieren und ihrem Leben im Winter beschäftigen. Ein weiterer Schwerpunkt des Kapitels ist das Experimentieren mit Schnee und Eis. Allen Aktivitäten ist jedoch vorauszuschicken, dass der Aufenthalt im Freien – auf dem Außengelände der Einrichtung, im Park oder im Wald – und damit verbundene Erfahrungen vor Ort eine wichtige Voraussetzung sind, um die Natur erforschen zu können.

Wenn die Kinder Purx aus der Aktivgeschichte kennengelernt haben, kommt bestimmt die Frage nach der Lebensweise von Eichhörnchen auf (S. 70). Im Rahmen eines Bewegungsspiels können sie selbst als Eichhörnchen Nüsse verstecken (S. 76). Die Kinder stellen ein eigenes „Tier, ärgere dich nicht!"-Spiel für die ganze Gruppe her. Die Gestaltungsvorlagen finden Sie auf Seite 86. Wenn Sie mit den Kindern über die Tiere sprechen möchten, bieten Ihnen die Seiten 70–74 entsprechende Hintergrundinformationen. Weitere Seiten mit spannenden Tierrätseln liegen als Kopiervorlagen vor (S. 78–80). Diese können die Kinder nach kurzer Einführung selbstständig bearbeiten.

Um dem Geheimnis des Schnees auf die Spur zu kommen, können Sie mit den Kindern kleine Sachgespräche führen, die sich an der Infoseite „Eiskristalle" (S. 83) orientieren. Die Tipps erleichtern den spielerischen Einstieg. Gestaltende Arbeiten vertiefen das Wissen um die Struktur der Eiskristalle (S. 84/85). Die Kindern können daraus eine winterliche Raumdekoration bauen und erhalten dadurch Anregungen für räumliche Ästhetik. Mit der Aktivität auf Seite 81 erfahren die Kinder die wandelbare Form des Wassers. Das Gruppengefühl wird durch den Bau eines Iglus gestärkt (S. 82).

Bei einem Ausflug in die Stadtbibliothek können die Kinder Bücher zum Thema „Winter" ausleihen. Vielleicht sind bei ihren Aktivitäten weitere Fragen entstanden, die sich mit Büchern beantworten lassen, etwa über das Leben der Inuit, über Tiere und deren Lebensweise oder über winterliche Phänomene. Neben dem Sachwissen erfahren Kinder so, wie sie sich Informationen beschaffen können.

Lösungen

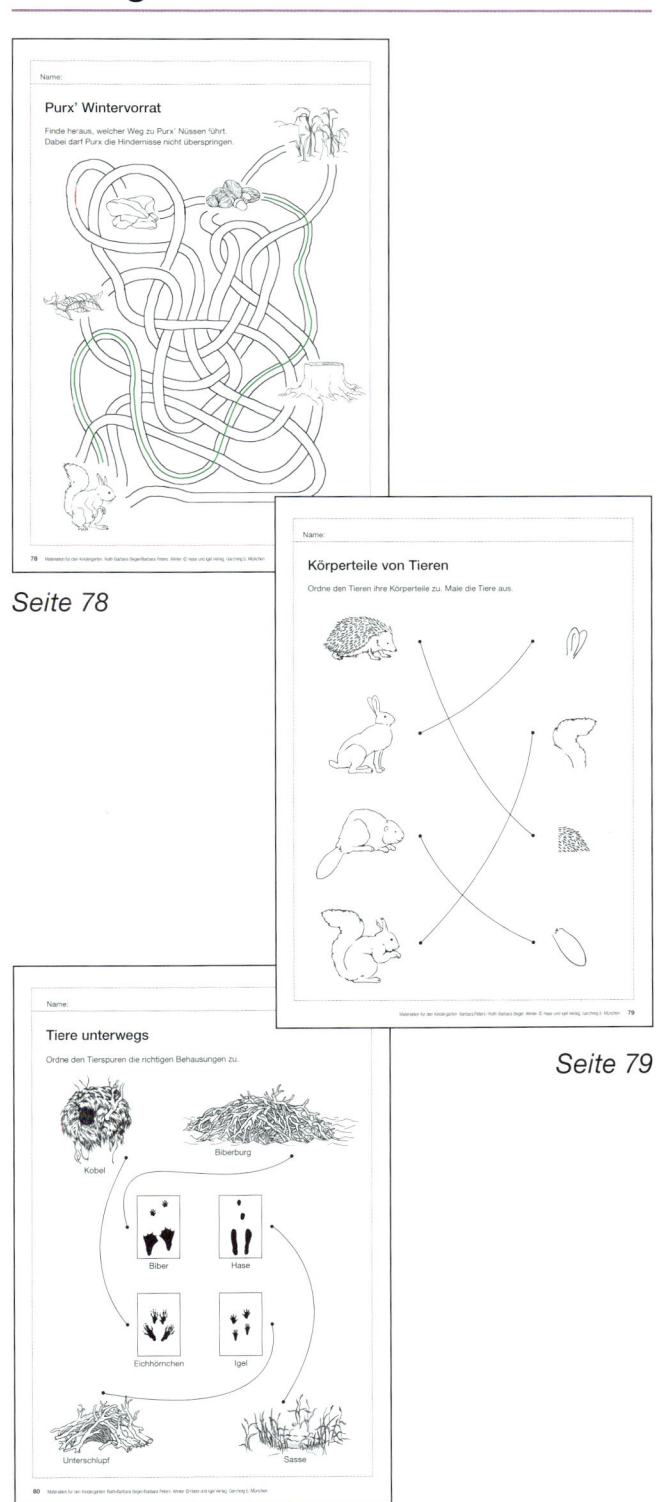

Seite 78

Seite 79

Seite 80

Aktivgeschichte: Der verschwundene See

beide Ohren anfassen	Purx ist ein feines Eichhörnchen-Männchen.
	Er hat zwei schöne **Ohren**.
jeweiliges Ohr anfassen	**Ein Ohr sitzt rechts** an seinem Kopf
	und **das andere Ohr sitzt links** an seinem Kopf.
an die Nase tippen	Mitten im Gesicht hat Purx eine glänzende **Nase**.
an den Mund tippen	Unter der Nase sitzt eine freche **Schnauze**.
auf beide Augen zeigen	Über der Nase blitzen zwei funkelnde **Augen**.
sich den Bauch reiben	Das Fell auf seinem **Bauch** ist weich und kuschelig.
einmal auf den Po klatschen	Und hinten, an seinem **Po**, da trägt Purx einen großen Puschelschwanz.
	Purx findet sich toll.
	Er schaut sich gerne an.
eine Handfläche vors Gesicht halten	Leider hat das Eichhörnchen keinen **Spiegel**.
mit beiden Händen einen Abstand von ca. 10 cm andeuten	Aber zum Glück gibt es **kleine** Pfützen im Wald
die Arme so weit wie möglich ausstrecken	und einen **großen** See.
eine Handfläche vors Gesicht halten	Pfützen und Seen sind gute **Spiegel**.
	Jeden Tag läuft Purx zu einer Pfütze oder zum See und schaut sich an.
beide Ohren anfassen	„Was habe ich für schöne **Ohren**!", sagt er dann.
jeweiliges Ohr anfassen	„**Ein Ohr sitzt links** und **das andere Ohr sitzt rechts** am Kopf.
an die Nase tippen	Und wie glänzt meine **Nase**! Schön!"
	Purx kraust die Nase und schnuppert.

„Ein freche **Schnauze** habe ich auch", lacht er. — *an den Mund tippen*
„Meine funkelnden **Augen** mag ich sehr!", ruft Purx. — *auf beide Augen zeigen*
„Und natürlich das weiche Fell auf meinem **Bauch**! Das ist prima!" — *sich den Bauch reiben*
Dann dreht Purx seinen Kopf und **schaut über die Schulter**. — *über die Schulter schauen*
So kann er den großen Puschelschwanz,
der aus seinem **Po** wächst, gut erkennen. — *einmal auf den Po klatschen*
„Ich finde mich toll!", ruft Purx, **klatscht in die Pfoten** — *in die Hände klatschen*
und läuft davon, um Nüsse, Eicheln und Kastanien zu sammeln
und für den Winter zu verstecken.

Eines Morgens im Winter wacht Purx auf. Er hat lange geschlafen.
Er **gähnt** laut. — *gähnen*
Er **reckt** sich und **streckt** sich. — *sich strecken*
Dann **gähnt** er noch einmal. — *gähnen*
„Ich habe gut geschlafen!", ruft er. „Aber jetzt muss ich mich
unbedingt in einer Pfütze anschauen!"
Purx steckt seinen Kopf aus dem Kobel.

Wisst ihr, was ein Kobel ist? — *Erzieher/-in fragt, gemeinsam wird der Begriff „Kobel" geklärt*

Purx schnuppert und blickt sich um, seine Augen funkeln.
Doch was ist das?

Herrjemine! Oh Schreck, oh Schreck! — *mitsprechen*
Die Pfütze und der Weg sind weg!

Purx staunt: Die Welt ist verschwunden.
Alles ist weiß!
Neugierig klettert er den Baum hinunter.
Purx tapst mit seinen Pfoten vorsichtig in das weiße Zeug,
das da überall liegt.
Purx schnuppert aufgeregt. Das weiße Zeug ist sehr kalt.

Könnt ihr euch vorstellen, wie das weiße, kalte Zeug heißt? — *Erzieher/-in fragt, kurzes*
Genau, es ist Schnee. Aber leider weiß Purx nicht, dass es — *Gespräch mit den Kindern*
Schnee ist. Ob er das wohl noch herausfindet? — *schließt sich an*

Purx zittert. Er schaut sich um.
Wo sind die Steine und die Blätter?
Wo ist das Moos und das Gras?
Wo ist eine Pfütze?
Und wo ist der Weg?

Herrjemine! Oh Schreck, oh Schreck! — *mitsprechen*
Die Pfütze und der Weg sind weg!

Forschen und entdecken

	Purx überlegt.
	Ohne Pfütze kann er nicht nachsehen, wie schön er ist.
	Da hat er plötzlich eine Idee.
	„Ich laufe zum See!", ruft Purx
Laufbewegungen	und **rennt** los. Er **rennt und rennt**.
	Alles ringsherum ist weiß. Der See ist nirgends zu sehen.
	Nach einer Weile bleibt Purx stehen. Er ist außer Puste.
seufzen	Purx **seufzt**. Hier muss der See doch sein!
	Purx schaut sich um.
nach oben sehen	Er **schaut nach oben**. Da ist nur der blaue Himmel.
nach unten sehen	Er **schaut nach unten**. Mit seinen Pfoten steht er in dem weißen Zeug.
nach links sehen	Er **schaut nach links**. Da ist alles weiß.
nach rechts sehen	Er **schaut nach rechts**. Da ist auch alles weiß.
nach hinten sehen	Er **schaut nach hinten**. Da ist eine kleine, feine Spur.
nach vorn sehen	Er **schaut nach vorn**. Verflixt, da ist auch alles weiß!
seufzen	Purx **seufzt** tief.
	Alles ist weg: die Pfütze, der Weg und jetzt auch noch der See!
mitsprechen	**Herrjemine! Oh Schreck, oh Schreck!**
	Ach, Pfütze, Weg und See sind weg!
	Traurig lässt Purx den Kopf hängen. Er weint sogar ein bisschen.
	Da piepst plötzlich eine Stimme: „Hallo, Purx! Warum weinst du?"
	Purx wischt sich mit beiden Pfoten die Tränen aus den Augen.
	Vor ihm steht die alte Waldmaus.
	Purx sagt: „Ich weine, weil der See weg ist
	und ich mich nicht anschauen kann.
eine Handfläche vors Gesicht halten	Der See ist doch mein **Spiegel**.
beide Ohren anfassen	Ich brauche ihn, damit ich meine schönen **Ohren**,
an die Nase tippen	meine glänzende **Nase**,
an den Mund tippen	meine freche **Schnauze**
auf beide Augen zeigen	und meine funkelnden **Augen** sehen kann.
sich den Bauch reiben	Und natürlich das weiche Fell auf meinem **Bauch**
einmal auf den Po klatschen	und den Puschelschwanz an meinem **Po**."
sich den Bauch halten	Da **hält** die alte Waldmaus **sich ihren Mäusebauch**
lachen	und **lacht und lacht und lacht**.
	„Warum lachst du?", fragt Purx.
	„Ich lache, weil der See gar nicht weg ist!", piepst die alte Waldmaus.

 Materialien für den Kindergarten: Ruth-Barbara Beger/Barbara Peters, Winter © Hase und Igel Verlag, Garching b. München

Purx ist erstaunt.
Er **schaut** noch einmal **nach oben,**
nach unten,
nach links,
nach rechts,
nach hinten
und nach vorn.
Es ist kein See zu sehen.

nach oben sehen
nach unten sehen
nach links sehen
nach rechts sehen
nach hinten sehen
nach vorn sehen

„Hier ist kein See!", ruft Purx
und **stampft mit einer Hinterpfote auf**.

aufstampfen

Die alte Waldmaus piepst: „Aber du stehst doch mitten
auf dem See! Warte mal, ich wische den Schnee weg."
Die alte Waldmaus **bückt sich**
und **wischt** mit der Pfote **über den Boden**.

sich bücken
mit einer Hand über den
Boden streichen

Sie wischt das weiße Zeug weg.

Purx macht große Augen. Schnee?
Oh, das weiße kalte Zeug heißt Schnee!
Und was ist da unter dem Schnee?
Purx **bückt sich**.
Seine glänzende Nase berührt den Boden. Er schnuppert.
Der Boden ist glatt und fest und kalt.
Er blickt die alte Waldmaus an.

sich bücken

„Das soll der See sein? Ich kann auf dem See stehen?
Wo ist denn das Wasser geblieben?", fragt er.

„Wenn es im Winter kalt wird, dann schneit es manchmal.
Wie letzte Nacht", erklärt die alte Waldmaus.
„Und dann friert der See zu. Das Wasser bekommt
eine dicke, feste Haut aus Eis."

„Und ich kann mich dann nicht im See spiegeln", ruft Purx.
Vorsichtig **streicht** er mit einer Pfote **über das Eis**.

mit einer Hand über den
Boden streichen

Da hat Purx eine Idee: Er nimmt Anlauf und saust auf
seinen Pfoten fröhlich über das glatte, kalte Eis.
Er ruft ganz laut: „**Hurra!** Ich kann über den See rutschen!"

beide Arme nach oben reißen
und „hurra!" rufen

Purx freut sich sehr. Zum ersten Mal in seinem Leben hat er Eis
und Schnee gesehen.
Das ist **toll**!

beide Arme nach oben reißen
und „toll!" rufen

Forschen und entdecken

Infoseite: Das Eichhörnchen

- Das Eichhörnchen lebt vorzugsweise auf Bäumen. Es ist von leichtem Körperbau, kann hervorragend klettern und springt gern von Baum zu Baum. Auch auf dem Boden springt es.

- Der große, buschige Schwanz dient dem Eichhörnchen beim Springen, Klettern und Balancieren über dünne Äste als Steuerruder.

- Es ist tagaktiv, hat ein gutes Gehör und einen guten Geruchssinn. Im Herbst vergräbt das Eichhörnchen seine Nahrungsvorräte für den Winter. Allerdings merkt es sich nicht, wo es seine Nahrung vergraben hat, sondern findet sie aufgrund seiner feinen Nase wieder.

- Das Eichhörnchen hat lange, starke Krallen an den Vorder- und Hinterpfoten, mit denen es gut klettern kann. Mit den Vorderpfoten vergräbt es seine Vorräte, baut Nester, knackt Nüsse und holt Samen aus den Zapfen von Nadelbäumen.

- Es baut sich seine Nester – Kobel – in Baumkronen. Der Kobel besteht aus Zweigen. Das Innere des Kobels polstert das Eichhörnchen mit Moos, Blättern und Gras aus. Da es mehrere Nester bewohnt, kann es bei drohender Gefahr von einem Nest in ein anderes Nest übersiedeln.

- Zweimal im Jahr bringt das Weibchen ein bis sechs Junge zur Welt. Bei Gefahr trägt es sie im Maul in einen anderen Kobel.

- Das Eichhörnchen ernährt sich z.B. von Beeren, Nüssen, Früchten, Samen, Rinde, Körnern, Pilzen, Insekten, Larven und Würmern.

- Es hält Winterruhe. Sein Winterfell ist dichter und dunkler als sein Sommerfell.

Tipps:

- Lesen Sie mit den Kindern die Aktivgeschichte „Der verschwundene See", in der sich das junge Eichhörnchen Purx in einer verschneiten Winterlandschaft zurechtfinden muss.

- Machen Sie mit den Kindern einen Wald- oder Parkspaziergang unter dem Motto „Auf den Spuren des Eichhörnchens Purx". Dabei können Pfotenabdrücke im Schnee, Kobel und natürlich die quirligen Eichhörnchen selbst gesucht werden.

- Auf den Seiten 74 – 76 und 78 – 80 finden Sie weitere Informationen und Aktivitäten zum Eichhörnchen.

Infoseite: Der Igel

- Der Igel hat auf dem Rücken ein Fell aus Stacheln.

- Bei drohender Gefahr rollt sich der Igel zu einer stacheligen Kugel zusammen.

- Sein gutes Gehör und sein Geruchssinn sind für den Igel besonders wichtig.

- Über den Geruch findet er seine Nahrung und seinen Partner.

- Er ernährt sich vorzugsweise von Insekten und Larven, manchmal auch von Früchten und Wurzeln.

- Da der Igel ein nachtaktives Tier ist, sucht er seine Nahrung meist in der Dämmerung und in der Nacht.

- In erster Linie bewegt sich der Igel auf dem Boden, er klettert nur selten.

- Der Igel ist Einzelgänger.

- Er bereitet sich sein Nest unter Blättern, Wurzeln und im Unterholz.

- Igelweibchen werfen ein- bis zweimal pro Jahr insgesamt bis zu elf Junge.

- Der Igel hält Winterschlaf.

Tipps:

- Gestalten Sie mit den Kindern Igel aus Ton oder Knetmasse:

  - Aus der Masse eine Kugel formen.

  - Eine spitze Schnauze formen.

  - Den Igelbauch flachdrücken.

  - Halbe Zahnstocher als Stacheln in den Rücken drücken.

- Auf den Seiten 74/75 und 79/80 finden Sie weitere Informationen und Aktivitäten zum Igel.

Infoseite: Der Feldhase

- Der Feldhase hat ein rotbraunes Fell und einen kräftigen Körperbau.

- Der Feldhase hat kräftige Hinterbeine. Auf der Flucht kann er eine Geschwindigkeit von bis zu 70 km/Stunde erreichen. Dabei schlägt er zur Verwirrung seines Verfolgers Haken.

- Der Hase hat große Ohren, die „Löffel" genannt werden.

- Tagsüber ruht der Feldhase gut getarnt in einer Bodenmulde, die man „Sasse" nennt.

- Zwei- bis viermal im Jahr bekommt die Häsin in einer Sasse Junge.

- Die Jungen sind Nestflüchter, sie werden also sehend und mit Fell geboren.

- Der Hase ist im Gegensatz zum kleineren Kaninchen, das in Kolonien lebt, ein Einzelgänger.

- Er ist nachtaktiv und geht von der Dämmerung bis zum Sonnenaufgang auf Nahrungssuche. Manchmal sieht man den Feldhasen aber auch tagsüber.

- Seine Nahrung besteht hauptsächlich aus Gräsern, Kräutern, Rinden, Zweigen und Knospen von Büschen und Bäumen. Er ist ein Pflanzenfresser.

- Der Feldhase braucht im Winter keinen Bau zum Schutz. Er drückt sich in flache Mulden auf dem Boden, um sich vor Wind und Wetter zu schützen. Er lässt sich einschneien und ist dann kaum noch zu sehen.

Tipps:

- Lesen Sie den Kindern die Fabel „Der Hase und der Igel" vor.

- Sie können die Kinder dazu auffordern, ein neues Ende der Fabel zu erzählen. Schreiben Sie die Vorschläge der Kinder auf und verwenden Sie diese zur Entwicklungsdokumentation.

- Lassen Sie die Kinder künstlerisch aktiv werden: Einzelne Bilder oder eine Gemeinschaftscollage runden die Besprechung der Fabel ab.

- Auf den Seiten 75 und 79/80 finden Sie weitere Aktivitäten zum Feldhasen.

Infoseite: Der Biber

- Der Biber ist ein großes Nagetier, das sich vorzugsweise im Wasser aufhält. Er kann gut schwimmen und lebt in Flüssen und Seen.

- Sein großer Schwanz – die „Kelle" – dient zum Steuern im Wasser. An den Hinterfüßen hat der Biber Schwimmhäute. Sein dichtes Fell hält ihn unter Wasser warm.

- Der Biber hat einen ausgeprägten Geruchs- und Hörsinn, kann aber schlecht sehen.

- Er ist in der Dämmerung und nachts aktiv.

- Biber leben in Familiengemeinschaften. Wenn die Jungen groß genug sind, um sich ein eigenes Revier zu suchen, trennen sich die Generationen.

- Die Biberfamilie legt sich mit der Zeit einige Biberburgen aus Zweigen, Ästen und Schlamm an. Die Ein- und Ausgänge befinden sich unter Wasser. Auf diese Weise ist die Familie vor Feinden geschützt. Über dem Wasser befindet sich der sogenannte „Wohnkessel".

- In angrenzende Ufer bauen die Biber Höhlen und Röhren.

- Ist das Wasser zu flach, fertigen die Biber Dämme aus Ästen an, um das Wasser zu stauen. Mit Schlamm, Pflanzenteilen und angeschwemmtem Material dichten sie die Dämme ab. Biber können ganze Bäume fällen.

- Besonders liebt der Biber Äste und Rinden von Weichhölzern. Er ist Pflanzenfresser.

- Für den Winter legt er Äste und Zweige vor den Hauptbau, damit er seine Nahrung schnell und schwimmend erreichen kann. Wenn eine dicke Eisschicht auf dem Wasser ist, kann er seine Vorräte unter Wasser erreichen.

- Der Biber hält keinen Winterschlaf. In strengen Wintern bleibt er aber manchmal mehrere Tage in seinem Bau und hält Winterruhe.

Tipps:

- Erkundigen Sie sich bei Ihrem Forstamt, ob es in Ihrer Gegend Biberburgen gibt.

- Anschließend können Sie sich mit den Kindern über Biber und ihre Lebensweise unterhalten, um sie auf einen Ausflug vorzubereiten. Hierbei helfen Ihnen auch die Informationen und Aktivitäten auf den Seiten 74/75, 77 und 79/80.

- Bei Ihrem Ausflug zur Biberburg sollten Sie den Kindern erklären, dass die Tiere nicht gestört werden dürfen.

- Nach der Rückkehr können Sie zur schriftlichen Entwicklungsdokumentation alle Entdeckungen sammeln, die die Kinder gemacht haben. Die Kinder können auch Bilder von ihren Eindrücken malen.

Infoseite: Überwinterungsstrategien

- Nicht nur die Kälte stellt für frei lebende Tiere im Winter ein Problem dar. Aufgrund der Ruhephase der Pflanzen und insbesondere bei Schnee finden viele von ihnen keine Nahrung. Daher haben die Tiere verschiedene Methoden entwickelt, um diese ungünstige Jahreszeit zu überleben.

- Zugvögel ernähren sich vor allem von Insekten. Da sie diese im Winter nicht finden, fliegen sie in wärmere Länder und weichen so der Kälte aus.

- Der Igel, das Murmeltier, die Fledermaus und der Siebenschläfer halten Winterschlaf. Diese Tiere fressen sich im Sommer und Herbst eine Fettschicht an, von der sie im Winter zehren. Während des Winterschlafs senkt sich die Körpertemperatur der Tiere. Die Atmung und der Herzschlag sind langsamer. Allerdings wachen die Tiere während des Winterschlafs manchmal auf. Sind sie zu lange wach, ist die Gefahr groß, dass sie verhungern.

- Eichhörnchen, Braunbär, Biber und Dachs halten Winterruhe. Diese Tiere legen sich im Herbst einen Nahrungsvorrat an und bekommen ein dichteres Fell. Sie verschlafen zwar die meiste Zeit, können jedoch an wärmeren Tagen aufwachen. Dann verlassen sie kurz ihr Nest und fressen sich an ihrem Vorrat satt. Im Gegensatz zu den Winterschläfern sinkt ihre Körpertemperatur kaum.

- Wechselwarme Tiere wie Schlangen, Kröten, Frösche und Eidechsen fallen bei niedrigen Temperaturn in Kältestarre.

- Einige Säugetiere wie der Feldhase, der Fuchs, der Marder und der Hirsch sind auch im Winter aktiv. Sie verändern ihre Lebensweise kaum. Eine dicke Fettschicht und ein dichtes Winterfell schützen sie vor Kälte. Sie ernähren sich überwiegend von Baumfrüchten, Trieben und Knospen. Fleischfresser jagen auch im Winter und ernähren sich von ihrer Beute.

Tier, ärgere dich nicht!

Das Spiel eignet sich gut, um die Erzählfreude anzuregen. Falls Sie selbst mitspielen, können Sie mit den Kindern vor Spielbeginn über die Tiere und ihre Behausungen sprechen.

Wenn die Kinder die gewürfelte Zahl jeweils benennen und beim Vorrücken laut zählen, üben sie spielerisch den Zahlenstrang von eins bis sechs.

So geht's:

- Die Kinder schneiden die Figuren und Behausungen aus, malen sie an und kleben sie auf Pappe. Vielleicht möchten die Kinder auch noch ihre eigenen Tiere und Behausungen gestalten.

- Laminieren Sie die Figuren und Behausungen. Damit diese nicht umkippen, ist es ratsam, die geknickten Standflächen nicht zu laminieren. Anschließend oder am nächsten Tag gestalten alle gemeinsam ein Spielbrett nach der Vorlage eines herkömmlichen „Mensch, ärgere dich nicht!"-Bretts. Der Plakatkarton für das Spielbrett sollte mindestens 60 x 60 cm groß sein, damit die Figuren und Behausungen darauf Platz finden. Achten Sie darauf, dass die Anzahl der Felder zwischen allen vier Startecken gleich ist. Die Kinder malen die Felder mit Filzstiften aus. Nach Wunsch laminieren Sie den Plan.

- Jedes Kind stellt seine vier identischen Tiere auf die vier Startfelder des Spielbretts. Die passende Behausung wird am Rand des Spielbretts neben den Zielkästchen aufgestellt.

- Legen Sie einen Würfel bereit.

- Das Spiel folgt den Regeln von „Mensch, ärgere dich nicht!". Das Kind, das die höchste Zahl gewürfelt hat, beginnt. Ziel ist es, seine vier Tiere möglichst schnell zur entsprechenden Behausung zu bringen.

Tipp:

Wenn die Kinder ihre eigenen Tiere und Behausungen gestalten, können sie diese z. B. als Weihnachtsgeschenk mit nach Hause nehmen.

Thema:
Tiere

Kompetenzbereiche:
Zahlen kennenlernen, Wortschatz erweitern

Angrenzende Bildungsbereiche:
Kreativität und Musik, Sprache und Literacy

Kinder:
2–4

Schwierigkeitsgrad:
★ ★ ★ ☆ ☆ ☆

Vorbereitung:
60 Min. (Gestalten, über 1–2 Tage)

Aktivität:
20–30 Min. (Spiel)

Material:
Kopie aller Tiere (je 4 x) und Kopie der Behausungen (S. 86), weißer Plakatkarton (mind. 60 x 60 cm), Klebstoff, Pappe, Buntstifte, Filzstifte, Laminierfolie, Würfel

Material pro Kind:
Schere

Forschen und entdecken

Thema:
Tiere

Kompetenzbereiche:
Motorik weiterentwickeln,
Rollenspiel erleben

**Angrenzender
Bildungsbereich:**
Körper, Bewegung und
Gesundheit

Kinder:
8 – 12

Schwierigkeitsgrad:
★ ★ ★ ☆ ☆ ☆

Vorbereitung:
10 Min.

Aktivität:
30 Min.

Material:
Aktivgeschichte (S. 66 – 69),
Infoseite „Das Eichhörnchen"
(S. 70), Sprossenwand, Bänke,
Kästen, Matten, Korb, Wal-
nüsse (Anzahl der Nüsse:
Anzahl der Kinder x Anzahl
der Stationen), Decken,
Tücher, Kissen

Purx sammelt Wintervorräte

So geht's:

- Bereiten Sie den Raum mit den Geräten vor. Sichern Sie die Geräte mit Matten ab. Da die Walnüsse, Tücher und Decken erst später zum Einsatz kommen, legen Sie diese am besten in einem Nebenraum bereit.

- Die Kinder setzen sich in einen Kreis.

- Um die Kinder auf Purx' Aktivitäten einzustimmen, können Sie ihnen die Aktivgeschichte vorlesen.

- Sprechen Sie mit den Kindern über die Eigenschaften und Verhaltens- weisen des Eichhörnchens. Informationen bietet Ihnen die Infoseite auf Seite 70.

- Nun versetzen sich die Kinder in die Welt der Eichhörnchen und klettern, balancieren und springen an den verschiedenen Stationen: Die Spros- senwand kann einen Baum darstellen, die Bänke können große Äste sein und die Kästen Felsen.

- Nach einem Durchgang zeigen Sie den Kindern den Korb mit Walnüssen und Tüchern.

- Legen Sie die Walnüsse neben den Stationen auf den Boden. Jedes Kind nimmt sich ein Tuch und legt es an einer freien Stelle aus. Die Tücher mar- kieren die Orte, an denen die Eichhörnchen ihre Wintervorräte verstecken.

- Nachdem die Kinder die jeweilige Station überwunden haben, nehmen sie sich eine Nuss und bringen sie unter ihrem Tuch in Sicherheit.

- Sind alle Nüsse vergraben, regen Sie die Kinder dazu an, sich als vom Nüssesammeln müde Eichhörnchen zum Schlafen in ihren Kobel zurück- zuziehen.

- Aus großen Decken, Tüchern und Kissen bauen sich die Kinder gemüt- liche Kobel. Informieren Sie die Kinder darüber, dass sich die Kobel in der Natur auf Bäumen befinden.

- Nach dem Ausruhen können die Kinder sich frei als Eichhörnchen bewe- gen und weiterspielen.

- Die Nüsse werden in gemütlicher Runde gegessen.

Variante:

Legen Sie besonderen Wert auf die Art der Fortbewegung. Die Landschaft könnte beispielsweise vereist sein. Dann laufen die Kinder ganz vorsichtig und auf Zehenspitzen über einen glatten See (eine Matte).

Unsere Biberburg

Nachdem Sie mit den Kindern über den Biber gesprochen (S. 73) und eventuell bereits einen Ausflug zu einer Biberburg in Ihrer Nähe gemacht haben, können die Kinder ihr Wissen durch den spielerischen Bau einer Biberburg vertiefen.

So geht's:

- Vielleicht haben Sie bei früheren Spaziergängen bereits Stöckchen und andere Naturmaterialien gesammelt, die jetzt beim Bau der Biberburg Verwendung finden können.

- Legen Sie in der Turnhalle das gesammelte Naturmaterial und die anderen Materialien bereit.

- Regen Sie die Kinder dazu an, Ideen zu entwickeln, wie sie mit dem Material eine Biberburg gestalten können. Vielleicht kommen sie auf die Idee, einen Stuhlkreis als Burg mit Tüchern, Decken und Bettlaken zu bedecken. Innen polstern sie die Biberburg mit Kissen aus. Davon gehen in unterschiedliche Richtungen Stuhlreihen aus – als Röhren, durch die die Kinder krabbeln können. Um nebenbei Farben zu trainieren, können die Kinder die Ausgänge mit verschiedenfarbigen Reifen o. Ä. markieren.

- Im Rollenspiel ahmen die Kinder das Leben der Biber nach. Wenn sie Stöckchen für den Winter sammeln möchten, müssen sie durch die Tunnel krabbeln. Die bereitgelegten Stöckchen schaffen sie heran und legen sie vor dem Haupteingang der Biberburg ab. Vielleicht bauen sie sich auch eine Art Damm. Weisen Sie die Kinder unbedingt auf einen vorsichtigen Umgang mit den Naturmaterialien hin.

- Zwischendurch spielen die Mitglieder der Biberfamilie miteinander in der Burg.

- Abschließend können Sie sich die Erlebnisse der Kinder aus ihrem „Leben als Biber" erzählen lassen und diese zur Entwicklungsdokumentation notieren.

Thema:
Tiere

Kompetenzbereiche:
Motorik weiterentwickeln, Rollenspiel erleben, Erzählfähigkeit entwickeln

Angrenzende Bildungsbereiche:
Körper, Bewegung und Gesundheit,
Kreativität und Musik,
Sprache und Literacy

Kinder:
4–8

Schwierigkeitsgrad:
★ ☆ ☆ ☆ ☆ bis ★ ★ ★ ☆ ☆ ☆

Vorbereitung:
12 Min. (Bereitstellen des Materials, Gespräch)

Aktivität:
20–30 Min.

Material:
Tierkunde (S. 73), Stöckchen und andere Naturmaterialien, Stühle, Decken, Bettlaken, Tücher, Kissen, verschiedenfarbige Reifen o. Ä., Stift, Zettel

Purx' Wintervorrat

Finde heraus, welcher Weg zu Purx' Nüssen führt.
Dabei darf Purx die Hindernisse nicht überspringen.

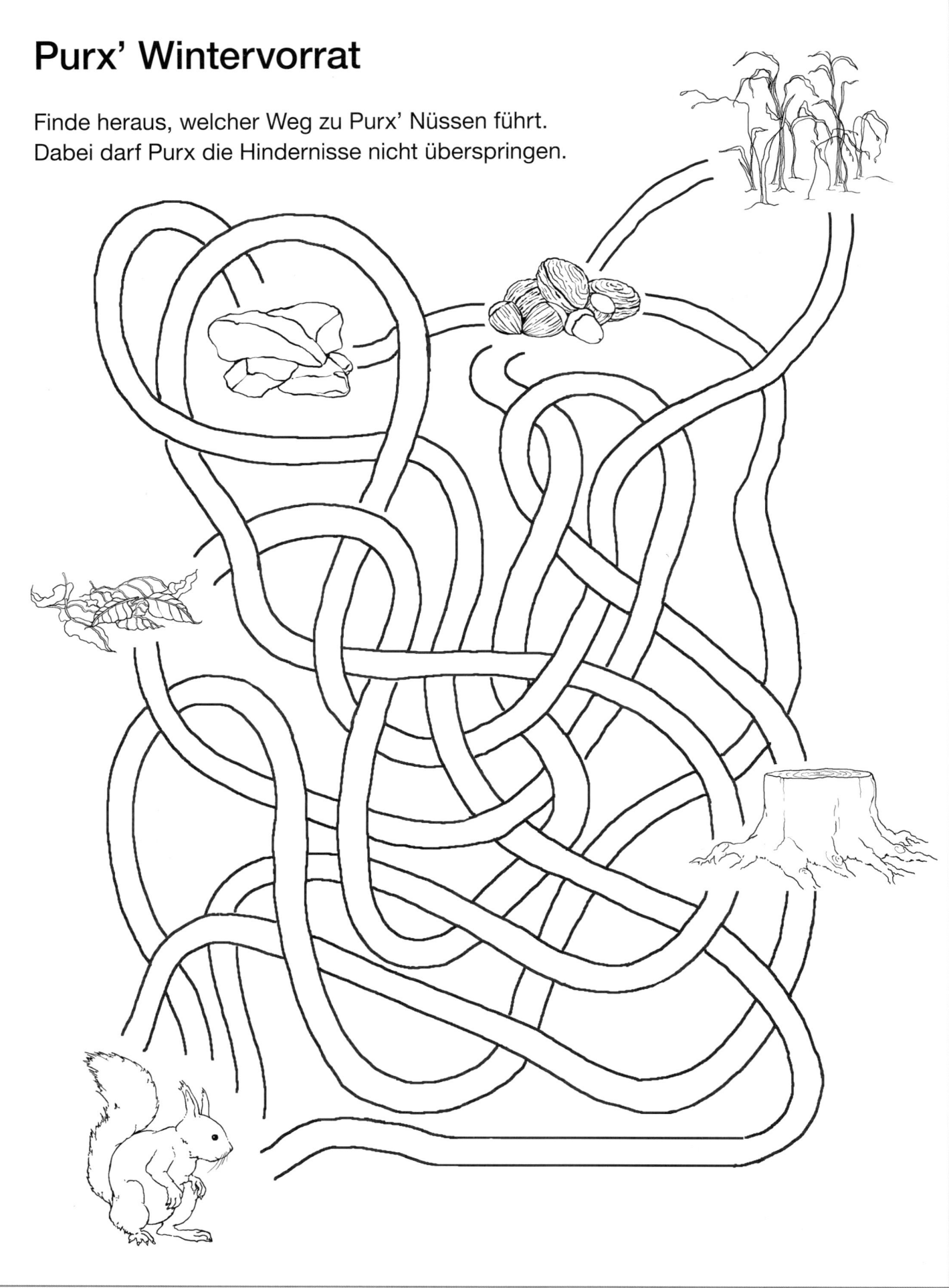

Körperteile von Tieren

Ordne den Tieren ihre Körperteile zu. Male die Tiere aus.

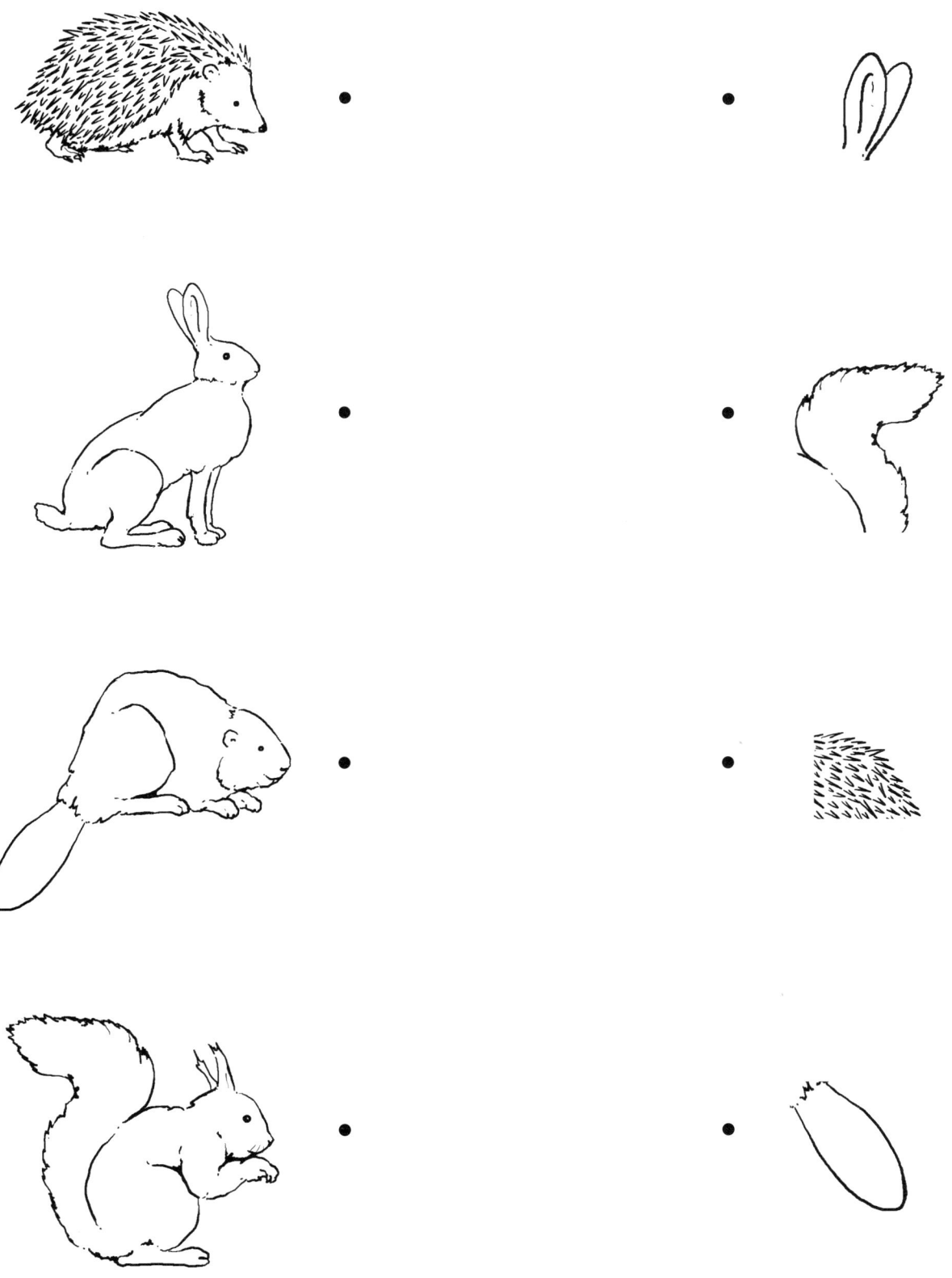

Tiere unterwegs

Ordne den Tierspuren die richtigen Behausungen zu.

Kobel

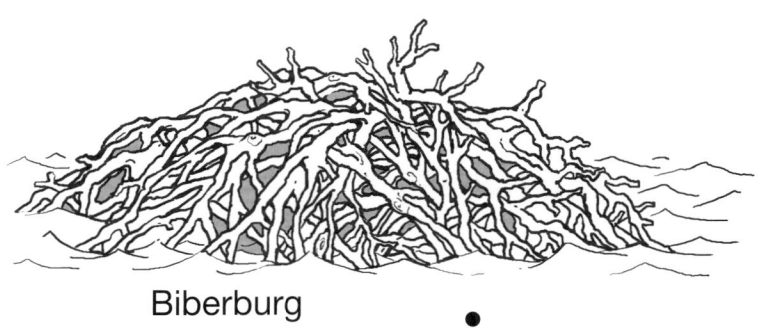

Biberburg

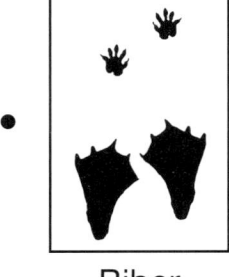

Biber

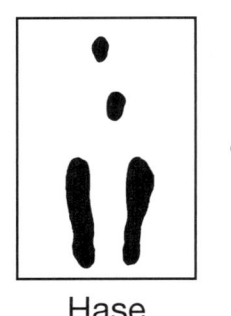

Hase

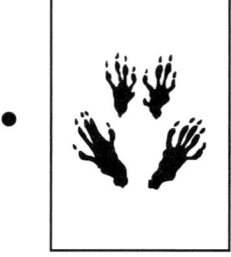

Eichhörnchen

Igel

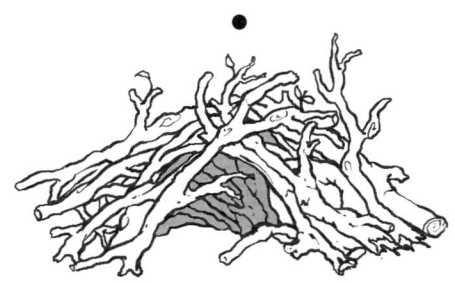

Unterschlupf

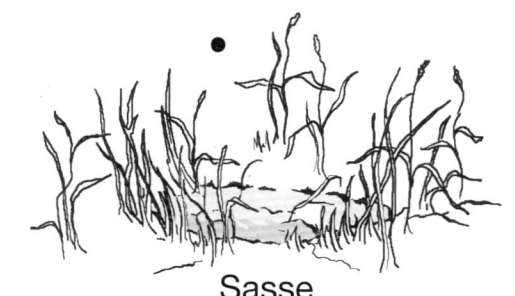

Sasse

Schnee-Experiment

So geht's:

- Legen Sie auf einem freien Tisch, der in der Nähe einer leer geräumten Fensterbank steht, zwei verschiedenfarbige wasserfeste Stifte bereit.

- Führen Sie mit den Kindern ein Gespräch:

  - Was kann man mit Schnee alles machen? – Bälle formen, einen Schneemann bauen, eine Schneeballschlacht machen etc.

  - Was ist Schnee? – Schneeflocken bestehen aus kleinen Eiskristallen, die sechseckig verzweigt sind.

  - Wann schneit es? – Schnee fällt bei Temperaturen um 0 °C.

  - Wann schmilzt Schnee? – Wenn er durch die Sonne oder andere Wärmequellen, z. B. in den Händen oder auf der Heizung, erwärmt wird.

  - Was wird aus Schnee, wenn er geschmolzen ist? – Wasser.

- Weitere Informationen zu Eiskristallen finden Sie auf Seite 83.

- Die Kinder ziehen sich warm an. Jedes Kind erhält ein Glas. Auf dem Spielplatz füllt jedes Kind sein Glas etwa zu zwei Dritteln mit Schnee.

- Im Gruppenraum stellen die Kinder ihre Gläser auf den Tisch und markieren nacheinander mit dem wasserfesten Stift die Höhe des Schnees. Anschließend stellen sie die Gläser auf die Fensterbank. Wenn sich unter der Fensterbank eine Heizung befindet, wird der Schnee schneller schmelzen. Die Kinder können immer wieder beobachten, wie sich der Schnee verändert.

- Ist der Schnee im Glas geschmolzen, stellt jedes Kind sein Glas vor sich auf den Tisch und markiert nun den Wasserstand mit dem zweiten Stift.

- Gespräch: Was ist passiert? – Aus dem Schnee ist Wasser geworden. Der Schnee ist durch die Wärme im Gruppenraum geschmolzen. Er war weiß, fest und formbar; er nahm mehr Platz ein als das Wasser, das sich jetzt im Glas befindet. Das Wasser ist flüssig und durchsichtig. Was passiert wohl, wenn man es wieder nach draußen bringt?

- Die Kinder ziehen sich wieder warm an und schütten ihr Wasser draußen in eine Plastikschüssel. Im Laufe der Zeit stellen sie fest, dass das Wasser gefriert und zu Eis wird. Möglicherweise taucht hierbei die Frage auf, warum sich das geschmolzene Wasser nicht wieder zurück in Schnee verwandelt. Eine vereinfachte und kindgerechte Erklärung könnte lauten: Schneeflocken sind gefrorene Regentropfen, die im Eiszustand Kristalle bilden. Sie entstehen auf komplizierte Weise in den Wolken.

- Vielleicht bauen Sie anschließend mit den Kindern einen Schneemann oder machen eine Schneeballschlacht.

Variante:

Wenn kein Schnee liegt, können die Kinder Wasser in kleine Plastikschalen füllen und im Eisfach gefrieren lassen. Anschließend beobachten sie, wie das Eis schmilzt. Da Eis mehr Raum einnimmt als Wasser, sollten Sie für dieses Experiment keine Glasflaschen verwenden. Es besteht die Gefahr, dass die Flaschen platzen, wenn sie zu lange im Eisfach liegen.

Thema:
Wasser, Schnee und Eis

Kompetenzbereiche:
physikalische Entdeckungen machen, Wortschatz erweitern

Angrenzender Bildungsbereich:
Sprache und Literacy

Kinder:
5–6

Schwierigkeitsgrad:
★ ★ ★ ☆ ☆

Vorbereitung:
2 Min.

Aktivität:
20–30 Min.

Material:
Infoseite „Eiskristalle" (S. 83), 2 verschiedenfarbige wasserfeste Stifte, große Plastikschüssel, Schnee; ggf. Kühlschrank mit Eisfach

Material pro Kind:
Glas; ggf. Plastikschale

Forschen und entdecken

Thema:
Iglubau

Kompetenzbereiche:
andere Kulturen kennenlernen,
physikalische Entdeckungen
machen, Motorik weiterentwickeln

**Angrenzende
Bildungsbereiche:**
Sprache und Literacy,
Kreativität und Musik

Kinder:
4–6

Schwierigkeitsgrad:
★ ★ ★ ★ ☆ ☆

Vorbereitung:
15 Min. (Besprechung)

Aktivität:
45 Min.

Material:
Sachbücher mit Abbildungen
von Iglus; Stock, Schnee; ggf.
Teelichter

Unser Schneehaus

So geht's:

- Nehmen Sie neu gefallenen Schnee zum Anlass, mit den Kindern über Iglus zu sprechen. Die Kinder können mithilfe von Abbildungen in Sach-büchern ihr Wissen über die Geschichte des Iglubaus und das Leben der Inuit in Kanada und Grönland erweitern. Sie erfahren dabei u. a., dass die Inuit heute zum größten Teil in Holzhütten und Siedlungshäusern leben.

- Gehen Sie mit den Kindern in den Garten oder in einen Park, in dem viel fester Schnee liegt, und suchen sie gemeinsam eine geeignete Stelle für den Bau des Iglus.

- Ziehen Sie mit einem Stock einen Kreis als Grundriss des Iglus. Der Durchmesser des Kreises sollte 120 cm nicht überschreiten, damit Sie das Iglu an der höchsten Stelle bequem von außen erreichen können.

- Die Kinder rollen feste Schneebälle, die sie auf die Kreislinie legen, worauf eine weitere Schicht folgt. Denken Sie daran, eine Öffnung als Eingang auszusparen.

- Mit zunehmender Höhe werden die Schichten so angelegt, dass sie sich nach innen neigen, bis das Iglu mit der letzten Schicht abgeschlossen wird, sodass ein Dach entsteht. Die richtige Neigung der Außenwände verlangt etwas Geschick und Übung, sodass die Kinder hier vermutlich Ihre Unterstützung benötigen.

- Auch beim Schließen des Daches ist besondere Vorsicht geboten. Besprechen Sie abschließend mit den Kindern den sachgerechten Umgang mit dem Iglu.

- Wenn Sie das Iglu zum Schluss mit Wasser begießen, ist es am nächsten Tag besonders widerstandsfähig.

Variante:

Bauen Sie mit den Kindern im Garten kleine Modelliglus. Nachmittags, wenn es dämmert, können die Kinder Teelichter in ihre Iglus stellen. Sie werden feststellen, wie wunderschön das Licht durch die Schneewände scheint.

Infoseite: Eiskristalle

- Das Wort „Kristall" leitet sich von dem altgriechischen Wort „krýstallos" ab und bedeutet „Eis".

- Ein Eiskristall entsteht, wenn Wasserdampf fest wird, also gefriert. Der flüssige Zustand wird sozusagen übersprungen.

- Eiskristalle sehen immer unterschiedlich aus, haben aber alle die gleiche Symmetrie. Sie bilden ihre besonderen Formen innerhalb einer sechsgliedrigen Struktur aus. So entsteht von einem Mittelpunkt aus in sechs Richtungen eine identische Ausformung. Wegen dieser blütenartigen Anordnung nennen wir die Eiskristalle an unseren Fensterscheiben auch Eisblumen.

- Liegt die Temperatur nur knapp unter dem Gefrierpunkt (0 °C) und ist die Luftfeuchtigkeit gleichzeitig hoch, haben die Eiskristalle ein besonders fein gezeichnetes, filigranes Muster.

- Schnee besteht aus durchsichtigen Eiskristallen. Warum ist er dennoch weiß? – Schnee erscheint uns weiß, da er aus vielen Eiskristallen besteht, die das Sonnenlicht reflektieren.

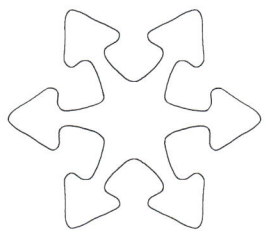 

Tipps:

- Betrachten Sie mit den Kindern zu Beginn des Gesprächs Bilder mit unterschiedlichen Eiskristallen bzw. Eisblumen, z. B. aus dem Internet oder aus Sachbüchern. Die Kinder können Vermutungen darüber anstellen, was die Bilder darstellen. Während sie ihre Eindrücke beschreiben, können sie die wesentlichen Eigenschaften von Eiskristallen selbst herausfinden.

- Für ein kleines Eiskristallprojekt finden Sie Anregungen auf den beiden folgenden Seiten.

Forschen und entdecken

Thema:
Natur im Winter

Kompetenzbereiche:
Feinmotorik weiterentwickeln,
Formen kennenlernen

**Angrenzender
Bildungsbereich:**
Kreativität und Musik

Kinder: 1–5

Schwierigkeitsgrad:
★ ★ ☆ ☆ ☆ ☆ bis ★ ★ ★ ★ ☆ ☆

Vorbereitung:
10 Min. (Kopieren und
Gespräch)

Aktivität:
15 Min.

Material:
Infoseite „Eiskristalle" (S. 83),
durchsichtiges Klebeband

Material pro Kind:
1–2 Kopien der Eiskristalle
(S. 87), Schere; ggf. Prickel-
nadel mit Filzunterlage

Eiskristalle

Nachdem die Kinder die Eigenschaften von Eiskristallen kennengelernt haben (S. 83), können sie deren sechsgliedrige Struktur auf Fensterbildern entdecken.

So geht's:

- Kopieren Sie die Eiskristalle von Seite 87. Verwenden Sie weißes Kopierpapier. Wenn Sie den Kindern das Ausschneiden erleichtern möchten, fertigen Sie vergrößerte Kopien an.

- Stellen Sie das Material bereit und rufen Sie anhand der Kopien bei den Kindern nochmals die Erinnerung an das Gespräch über die besondere Struktur der Eiskristalle wach.

- Jedes Kind sucht sich ein bis zwei Kopien aus und schneidet seine Eiskristalle aus. Die Löcher, die innerhalb der Kristalle ausgeschnitten werden müssen, können auch geprickelt werden.

- Wenn alle Kinder fertig sind, können sie ihre Eiskristalle mit Klebestreifen an den Fenstern befestigen.

Tipp:

Um das Thema „Eiskristalle" weiterzuführen, können Sie mit den Kindern das Rezept von Seite 103 ausprobieren oder mit ihnen Mandalas malen (S. 102, 110/111).

Fliegende Eiskristalle

So geht's:

- Sprechen Sie mit den Kindern über Schnee und Eiskristalle. Hierzu können Sie die Informationen auf Seite 83 verwenden. Nun gestalten die Kinder ihre eigenen Kristalle.

- Das quadratische Stück Papier zum Dreieck falten.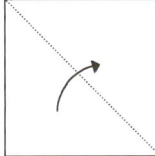

- Das Dreieck zu einem noch kleineren Dreieck falten und wieder aufklappen.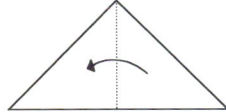

- Die beiden unteren Ecken gleichmäßig so hochklappen, dass sich beide Ecken überlappend verschränken.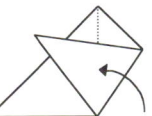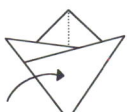

- Die Faltarbeit umdrehen und ein Muster möglichst symmetrisch aufmalen (gestrichelte Linie). Die hier grau unterlegten Bereiche werden ausgeschnitten. Das Papier aufklappen.

- Die Eiskristalle werden abschließend an verschieden langen Fäden im Raum aufgehängt.

Tipp:

Weiterführende Aktivitäten zum Thema „Eiskristalle" finden Sie auf den Seiten 84, 102 und 103.

Thema:
Natur im Winter

Kompetenzbereiche:
Feinmotorik weiterentwickeln,
Formen kennenlernen

Angrenzende Bildungsbereiche:
Kreativität und Musik

Kinder:
1–5

Schwierigkeitsgrad:
★ ★ ★ ★ ☆

Vorbereitung:
10 Min. (Kopieren und Gespräch)

Aktivität:
10 Min.

Material:
Infoseite „Eiskristalle" (S. 83),
Faden, Reißzwecken

Material pro Kind:
quadratisches Stück Papier
(Kantenlänge ca. 20 cm),
Schere

Forschen und entdecken

Gestaltungsvorlage: „Tier, ärgere dich nicht!"-Figuren

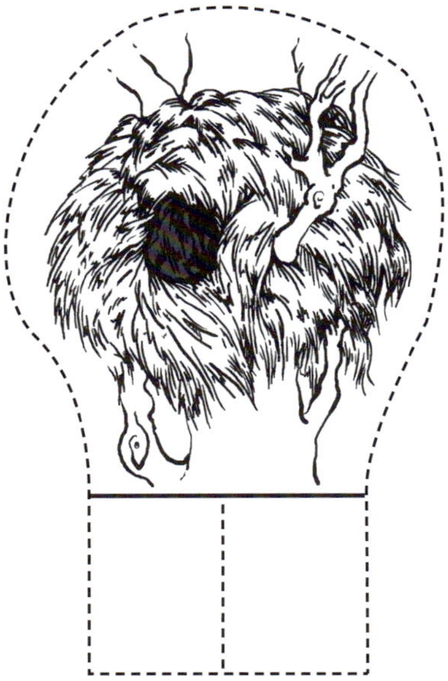

✂

Kobel (Eichhörnchen)

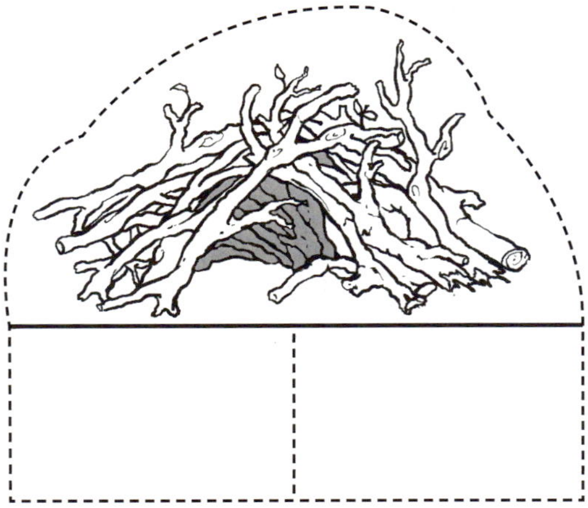

Unterschlupf (Igel)

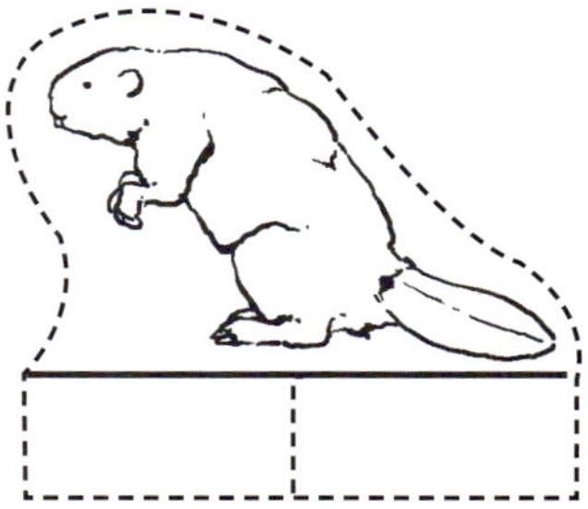

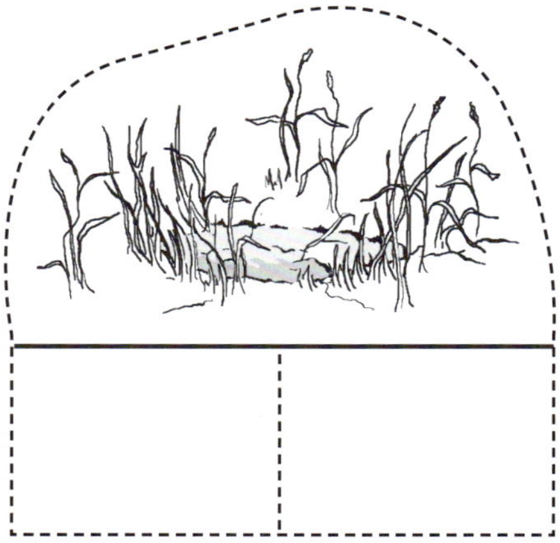

Sasse (Feldhase)

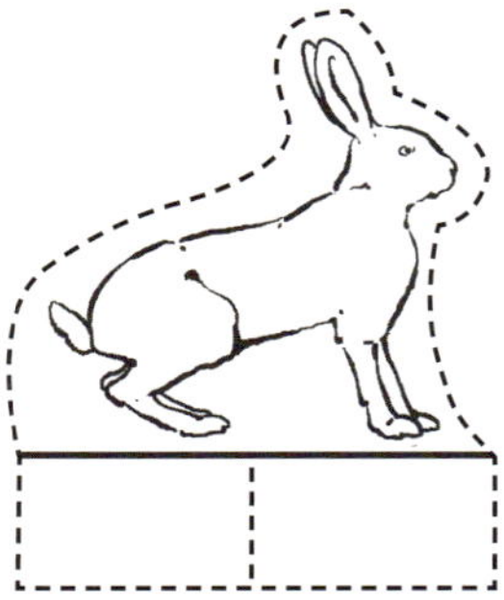

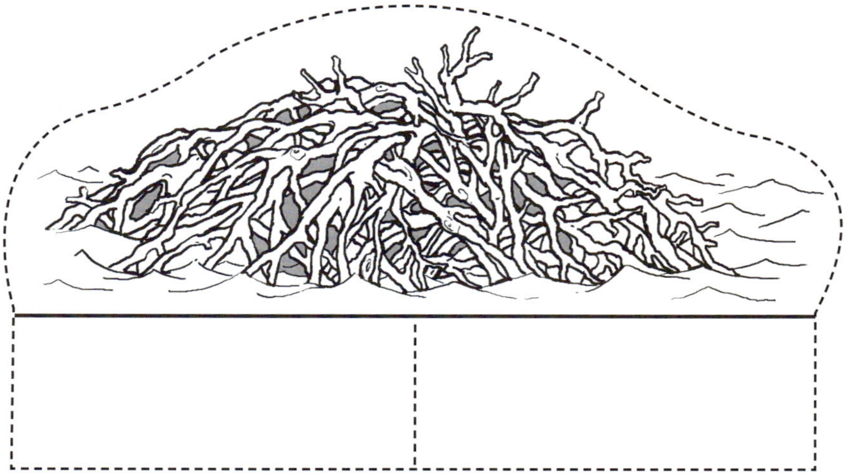

Biberburg (Biber)

 Materialien für den Kindergarten: Ruth-Barbara Beger/Barbara Peters, Winter © Hase und Igel Verlag, Garching b. München

Gestaltungsvorlage: Fensterbilder

Körper, Bewegung und Gesundheit

Vorbemerkungen

Kinder haben einen natürlichen Drang, sich zu bewegen. Durch Bewegung eignen sie sich die Welt aktiv an, sie erwerben Kenntnisse über ihren Körper und ihre Umwelt. Bewegungserfahrungen sind deshalb nicht nur für eine gesunde motorische Entwicklung wichtig – sie sind entscheidend für die Gesamtentwicklung von Kindern: für die Entwicklung ihrer Wahrnehmungsfähigkeit, für ihre kognitive und soziale Entwicklung und nicht zuletzt für die Ausbildung eines positiven Selbstkonzepts.

Klettern, Laufen, Springen, Toben, Schneiden, Kneten, Matschen, Bauen und Tasten sind einige der Aktivitäten, die Kindern die Möglichkeit geben, die Welt aktiv zu erforschen. Sie bauen damit nicht nur ihre grob- und feinmotorischen Fähigkeiten aus und schulen ihre Geschicklichkeit und den Gleichgewichtssinn. Vielmehr wird auf diese Weise auch die Wahrnehmung unterstützt, die wiederum wichtig ist für die Entwicklung kognitiver Kompetenzen. Das Kind begreift damit aus seiner eigenen Erlebniswelt heraus Zusammenhänge in seiner Umgebung. Diese aktive Form des „Begreifens" ist die Voraussetzung für eine dauerhafte und grundlegende Wissensaneignung. Aus diesen Zusammenhängen wird deutlich, wie bedeutsam ein ganzheitliches Lernen ist, das Körper, Geist und Sinne anregt und aus der Verknüpfung verschiedener Bildungsbereiche resultiert.

Auf der sozial-emotionalen Ebene sammeln Kinder durch ihre Bewegungsfreude Erfahrungen mit sich selbst und mit anderen Menschen. Sie lernen, mit anderen zu kommunizieren und sich in andere Menschen einzufühlen. Aus der Erfahrung der eigenen körperlichen Geschicklichkeit speist sich das Gefühl, etwas bewirken zu können. Das Kind fühlt sich stark und mutig, und es ist in der Lage, sich selbst zu behaupten und seine Bedürfnisse zu verbalisieren.

Leider haben Kinder häufig nicht genügend Möglichkeiten, sich frei zu bewegen, und es müssen Arrangements geschaffen werden, damit sie körperlichen Herausforderungen begegnen. Bleibt das Bewegungsbedürfnis von Kindern eingeschränkt, hat dies nicht nur Folgen für die beschriebenen Entwicklungsprozesse, sondern auch ihre Gesundheit und körperliche Leistungsfähigkeit werden beeinträchtigt.

In diesem Zusammenhang sollten auch die Nutzung des Fernsehens und des Computers sowie das Essverhalten einer kritischen Reflexion unterzogen werden, denn übermäßiger Konsum, egal in welcher Form, macht Kinder passiv.

Medien stellen zwar auch didaktisch aufbereitete Informationen bereit, doch kann dies eine aktive und bewegungsreiche Erforschung der Umwelt ebenso wenig ersetzen wie den Kontakt zu anderen Kindern und Erwachsenen. Auch beim unkontrollierten Konsum von Süßigkeiten gilt es frühzeitig, Kindern Alternativen anzubieten und sie in ihren Potenzialen zu stärken.

Aktivgeschichte

In der Geschichte „Prinz Ochnöö" lernen die Kinder einen Prinzen kennen, der alle Angebote für eine aktive Freizeitgestaltung mit den Worten „och nöö" zurückweist. Er hat zu nichts Lust, sitzt auf dem Sofa und isst. Niemand kann ihn dazu überreden, Schlitten zu fahren oder bei einer Schneeballschlacht mitzumachen. Der König, der sich große Sorgen um den Prinzen macht, meint, eine Heirat sei sinnvoll, um Ochnöö auf andere Gedanken zu bringen. Als aber die Heiratskandidatinnen Ochnöö begegnen und sehen, dass er ständig isst und gelangweilt aus dem Fenster starrt, sind sie es, die „och nöö" sagen. Keine möchte den Prinzen heiraten. Nun wird Ochnöö traurig.

Aber da ist noch Katinka. Zögernd stimmt sie einer Hochzeit unter der Bedingung zu, dass Ochnöö zukünftig mit ihr Schlitten fährt, Schlittschuh läuft, einen Schneemann baut und eine Schneeballschlacht macht. Kurz: Sie möchte einen aktiven Prinzen an ihrer Seite haben. Glücklich willigt Ochnöö ein. Nun wendet sich alles zum Guten: Der Prinz gewinnt Freude am Spielen und an gesunden Gerichten. Süßigkeiten verzehrt er nur noch in Maßen.

Die Kinder lieben den etwas anarchischen Charakter des Prinzen Ochnöö und seine trotzige Haltung. Sie verschränken gern selbst die Arme, wiederholen seinen sprechenden Namen und die Gesten, die er beim Essen vollführt. Ferner kommt es beim aktiven Gestalten der Geschichte zur Wortschatzerweiterung, indem sie auch Maße, Zahlen und Nahrungsmittel kennenlernen. Insbesondere werden die Kinder mit verschiedenen Verben aus dem Wortfeld „essen" konfrontiert, z. B. schlecken, schlabbern, schlürfen, knabbern und verschlingen. Indem die Geschichte die Themen „Essen" und „Spielen" verknüpft, wird für die Kinder der Zusammenhang zwischen Bewegung, Spaß und einer gesunden Ernährung auf ansprechende Weise nachvollziehbar.

Praxisseiten

Die pädagogische Grundannahme, dass eine kindgerechte Entwicklung in der Vernetzung von körperlichen und geistigen Fähigkeiten besteht, kommt in der Auswahl der Aktivitäten dieses Kapitels zum Ausdruck. Möglichkeiten der Bewegung, Entspannung und Konzentration werden angeregt und ebenso die Förderung von feinmotorischen und sinnesorientierten Fähigkeiten sowie Kenntnisse über Nahrungsmittel und -zubereitung.

Die in der Aktivgeschichte angesprochenen Themen lassen sich mit den Angeboten vertiefen und auf unterschiedliche Weise erlebbar machen. Nach einem Bewegungsspiel mit der ganzen Gruppe (S. 95) haben die Kinder die Möglichkeit, in Kleingruppen Gemeinschaftsbilder zum Prinzen Ochnöö herzustellen (S. 96). Es folgen Kimspiele, die das Wissen über Obst und Gemüse durch Schmecken, Riechen und Fühlen vertiefen (S. 97/98).

Aktivitäten zur Bewegung und Körperwahrnehmung sind „Prinz Ochnöös und Katinkas Winterspiele" (S. 99), „Wie auf Wolken fliegen" (S. 100) und „Ich fühl mich …" (S. 101).

Konzentrationsfähigkeit und Entspannung werden mithilfe der „Eiskristall-Mandalas" gefördert (S. 102). Für diese Übung ist ein ruhiger Nebenraum mit entsprechender Musik ideal.

Mit den leckeren und gesunden Rezepten von Prinz Ochnöö und Katinka (S. 104 – 107) können die Kinder Speisen für ein Frühstücksbüfett oder ein gemeinsames Frühstück zubereiten.

Körper, Bewegung und Gesundheit

Aktivgeschichte: Prinz Ochnöö

Es war einmal ein Prinz.
Was auch immer man ihm vorschlug,
der Prinz **verschränkte die Arme**,

Arme vor der Brust verschränken

Unterlippe vorschieben   **machte einen Schmollmund**,
Kopf schütteln   **schüttelte den Kopf**
mitsprechen   und sagte: **„Och nöö! Keine Lust!"**

Es war Winter.
Der Schlosspark war tief verschneit
und die Berge hatten weiße Zipfelmützen.
Den Schlossbewohnern machte es viel Spaß,
im Schnee herumzutollen.

Deshalb fragte die Königin den Prinzen: „Möchtest du mit mir Schlitten fahren?"
mitsprechen   **„Och nöö! Keine Lust!"**, antwortete der Prinz.

„Komm, wir laufen Schlittschuh!", sagte der König.
mitsprechen   **„Och nöö! Keine Lust!"**, antwortete der Prinz.

„Bitte, mach mit mir eine Schneeballschlacht", bat seine Schwester, die Prinzessin.
mitsprechen   **„Och nöö! Keine Lust!"**, antwortete der Prinz.

„Bau mit uns einen Schneemann!", riefen die kleinen Grafen und Fürsten.
mitsprechen   **„Och nöö! Keine Lust!"**, antwortete der Prinz.

Körper, Bewegung und Gesundheit

Der Prinz hatte zu nichts Lust.
Jeden Tag saß er nur in seinem Sessel.
Wenn jemand etwas mit ihm unternehmen wollte,
verschränkte er die Arme,

Arme vor der Brust
verschränken

machte einen Schmollmund,
schüttelte den Kopf
und sagte: **„Och nöö! Keine Lust!"**

Unterlippe vorschieben
Kopf schütteln
mitsprechen

Deshalb nannten ihn alle nur noch „Ochnöö".
An seinen richtigen Namen erinnerte sich niemand.

Ochnöö saß im Sessel, starrte aus dem Fenster
und aß und trank.
Er **kaute Kaugummi**.
Er **schleckte fünf Portionen Eis**.

kauen
fünf Finger zeigen, an einem
imaginären Eis lecken

Er **trank zwei Liter süße Limonade**.

zwei Finger zeigen, aus einem
großen imaginären Glas
trinken

Er **stopfte sich sieben Kekse in den Mund**.

sieben Finger zeigen, mit den
Händen imaginäre Kekse in
den Mund stopfen

Er **verschlang eine riesengroße Torte**.

mit den Händen eine große
Torte halten, immer wieder
hineinbeißen und schlingen

Er **schlabberte einen ganzen Topf sahnige Suppe**.

wie eine Katze mit der Zunge
schlabbern, dabei schlürfende
Geräusche machen

Und ab und zu **rülpste** er.

„Rülps!" sagen

Dann **schüttelten** die Leute im Schloss **den Kopf**,
drohten ihm **mit dem Finger**
und sagten: „Och nöö, Ochnöö! Das tut man nicht!"

Kopf schütteln
mit dem Finger drohen

So ging es viele Jahre.
Ochnöö wuchs und wurde immer größer und dicker.
Bald passte er nicht mehr in den Sessel.
Der Sessel wurde gegen ein Sofa ausgetauscht.

Sonst änderte sich nichts:
Ochnöö saß auf dem Sofa, starrte aus dem Fenster
und aß und trank.
Er **kaute Kaugummi**.
Er **schleckte fünf Portionen Eis**.

kauen
fünf Finger zeigen, an einem
imaginären Eis lecken

Körper, Bewegung und Gesundheit

zwei Finger zeigen, aus einem großen imaginären Glas trinken	Er **trank zwei Liter süße Limonade**.
sieben Finger zeigen, mit den Händen imaginäre Kekse in den Mund stopfen	Er **stopfte sich sieben Kekse in den Mund**.
mit den Händen eine große Torte halten, immer wieder hineinbeißen und schlingen	Er **verschlang eine riesengroße Torte**.
wie eine Katze mit der Zunge schlabbern, dabei schlürfende Geräusche machen	Er **schlabberte einen ganzen Topf sahnige Suppe**.
„Rülps!" sagen	Und ab und zu **rülpste** er.

Der König machte sich große Sorgen um Prinz Ochnöö.
Eines Tages, mitten im Winter,

mit dem Fuß aufstampfen — **stampfte** der König **mit dem Fuß auf**
und rief: „So kann es nicht weitergehen. Wir müssen eine Frau für Ochnöö finden."

Viele Prinzessinnen kamen, als sie hörten, dass der König eine Frau für seinen Sohn suchte.
Der König fragte jede Prinzessin: „Willst du Prinz Ochnöö heiraten?"
Die Prinzessinnen betrachteten den Prinzen.

Der saß wie immer auf dem Sofa, starrte aus dem Fenster und aß und trank.

kauen	Er **kaute Kaugummi**.
fünf Finger zeigen, an einem imaginären Eis lecken	Er **schleckte fünf Portionen Eis**.
zwei Finger zeigen, aus einem großen imaginären Glas trinken	Er **trank zwei Liter süße Limonade**.
sieben zeigen, mit den Händen imaginäre Kekse in den Mund stopfen	Er **stopfte sich sieben Kekse in den Mund**.
mit den Händen eine große Torte halten, immer wieder hineinbeißen und schlingen	Er **verschlang eine riesengroße Torte**.
wie eine Katze mit der Zunge schlabbern, dabei schlürfende Geräusche machen	Er **schlabberte einen ganzen Topf sahnige Suppe**.
„Rülps!" sagen	Und ab und zu **rülpste** er.
Kopf schütteln	Die Prinzessinnen **schüttelten die Köpfe**.

 Materialien für den Kindergarten: Ruth-Barbara Beger/Barbara Peters, Winter © Hase und Igel Verlag, Garching b. München

So einen Mann wollten sie nicht haben.
Eine nach der anderen **verschränkte die Arme,**
machte einen Schmollmund,
schüttelte den Kopf
und sagte: **„Och nöö! Keine Lust!"**
Keine wollte Ochnöö heiraten.

Arme verschränken
Unterlippe vorschieben
Kopf schütteln
mitsprechen

Prinz Ochnöö wurde sehr traurig.
Es ist kein schönes Gefühl, wenn man merkt,
dass die Prinzessinnen einen nicht mögen.
Eine Träne rollte über seine Wange.

Alle Prinzessinnen waren weggegangen.
Jetzt stand nur noch ein einziges Mädchen da
und sah Prinz Ochnöö an.
Es hatte keine Krone und keine blonden Locken.
Es trug kein Seidenkleid und keine goldenen Schuhe.
Das Mädchen hieß Katinka und sah überhaupt nicht
wie eine Prinzessin aus.
Katinka war ein ganz normales Mädchen.

Als der König fragte, ob sie den Prinzen heiraten wolle,
verschränkte Katinka **die Arme,**
zog die Stirn in Falten,
wiegte den Kopf hin und her

Arme verschränken
Stirn runzeln
Kopf von links nach rechts
wiegen

und sagte: **„Och nöö! Mal sehen! Oh ja!"**

mitsprechen

Als der König das hörte, riss er die Augen auf und sah
seinen Sohn erstaunt an.
Prinz Ochnöö hörte auf zu kauen, zu schlucken und zu rülpsen.
Heimlich **wischte** er **die Träne weg**, die gerade über seine
Wange rollte.

über die Augen wischen

Katinka sagte: „Ich heirate dich, Prinz Ochnöö,
wenn du mit mir Schlitten fährst und Schlittschuh läufst,
wenn du mit mir eine Schneeballschlacht machst
und mit mir einen Schneemann baust."

Prinz Ochnöö **verschränkte die Arme,**
zog die Stirn in Falten,
wiegte den Kopf hin und her

Arme verschränken
Stirn runzeln
Kopf von links nach rechts
wiegen

und sagte: **„Ooooooch – och ja! Oh ja! Gerne!"**

mitsprechen

Katinka und Prinz Ochnöö wurden sehr glücklich.

Körper, Bewegung und Gesundheit

Jeden Winter fuhren sie zusammen Schlitten.
Sie liefen Schlittschuh und machten Schneeballschlachten.
Außerdem bauten sie viele Schneemänner und Schneefrauen.

kauen

Manchmal **kauten sie Kaugummi.**

einen Finger zeigen, an einem imaginären Eis lecken

Im Sommer **schleckten** sie ab und zu **eine Portion Eis.**

einen Finger zeigen, aus einem imaginären kleinen Glas trinken

Samstags **tranken** sie **ein Gläschen süße Limonade**

einen Finger zeigen, vorsichtig von einem imaginären Keks abbeißen

und **knabberten** zum Nachtisch **einen Keks.**

einen Finger zeigen, mit einer Hand einen imaginären Teller halten, mit der anderen Hand eine Gabel zum Mund führen

Sonntags **aßen** sie gerne **ein Stück Torte.**

vornehm eine Suppe löffeln

Wenn es draußen kalt war,
dann **löffelten** sie eine **heiße, sahnige Suppe.**
Prinz Ochnöö aß einen Teller Suppe und Katinka aß
einen Teller Suppe.

An den meisten Tagen aber speisten sie Katinkas Lieblings-
gerichte: knackige Salate aus Tomaten, Gurken und Paprika,
leckere Obstteller mit Äpfeln, Bananen und Orangen und
verschiedene Gemüsegerichte aus Erbsen, Möhren und Kohlrabi.

Bald schon konnte Ochnöö wieder im Sessel sitzen.
Das Sofa benutzten Katinka und Ochnöö nun, um gemeinsam
aus dem Fenster zu schauen.
Prinz Ochnöö war sehr glücklich mit seiner Katinka.

mitsprechen

Er sagte fast nie mehr: **„Ochnöö! Keine Lust!"**

Och nöö! – Oh ja!

So geht's:

- Kopieren Sie die Karten der Seiten 108/109 und schneiden Sie sie aus. Gegebenenfalls können Sie sie auch laminieren.

- Regen Sie die Kinder zunächst zu einem Gespräch über den Inhalt der Geschichte „Prinz Ochnöö" an und betrachten Sie anschließend gemeinsam die Karten. Die Kinder werden vielleicht selbst das Thema „Ausgewogene Ernährung und Bewegung" erraten.

- Bezeichnen Sie die Karten, deren abgebildete Aktivitäten der Gesundheit förderlich sind, als „Oh ja!"-Karten; die anderen Karten nennen Sie „Och nöö!"-Karten. Die Kinder können die Gegensatzpaare nebeneinanderlegen. Die Symbole auf den Karten helfen ihnen dabei.

- Nun kann sich das „Och nöö! – Oh ja!"-Spiel anschließen:

  - Die Kinder setzen sich in einen Kreis.

  - Legen Sie die Karten in ein Säckchen.

  - Ein Kind beginnt, indem es eine Karte aus dem Säckchen zieht.

  - Handelt es sich um eine „Oh ja!"-Karte, sagt das Kind „Oh ja!". Es ahmt die Aktivität nach, während die anderen Kinder raten, worum es sich handelt. Wurde die dargestellte Aktivität erraten, zeigt das Kind den anderen die Karte. Diese rufen ebenfalls „Oh ja!" und stellen die Bewegung dar.

  - Ist es eine „Och nöö!"-Karte, sagt das Kind „Och nöö!", zeigt die Karte direkt der Gruppe und erklärt, was darauf abgebildet ist. Dann macht es einen Schmollmund und verschränkt die Arme. Alle anderen Kinder machen ebenfalls einen Schmollmund, verschränken die Arme und sagen „Och nöö!".

  - Zu Beginn der nächsten Runde zieht ein anderes Kind eine neue Karte.

Thema:
Gesundheit/Ernährung

Kompetenzbereiche:
Motorik weiterentwickeln, Wissen über gesunde Ernährung erwerben, Wortschatz erweitern

Angrenzende Bildungsbereiche:
Sprache und Literacy, Miteinander leben

Kinder:
5–25

Schwierigkeitsgrad:
★ ★ ★ ☆ ☆

Vorbereitung:
10–15 Min. (Herstellen der Karten, Gespräch)

Aktivität:
10 Min.

Material:
Kopien der Karten (S. 108/109), Schere, Klebstoff, Säckchen; ggf. Laminierfolie

Körper, Bewegung und Gesundheit

Thema:
Gesundheit/Ernährung

Kompetenzbereiche:
Wortschatz erweitern,
Empathie entwickeln,
Kreativität entfalten

**Angrenzende
Bildungsbereiche:**
Sprache und Literacy,
Kreativität und Musik

Kinder:
4

Schwierigkeitsgrad:
★ ★ ★ ☆ ☆

Vorbereitung:
15 Min. (Sammeln der Bilder,
Gespräch)

Aktivität:
20 Min.

Material:
Prospekte, Illustrierte,
Zeitungen, Tapetenrolle,
Klebstoff, Buntstifte, Klebefilm

Material pro Kind:
Schere

Der gesunde Prinz

Mit dieser Gemeinschaftsarbeit können die Kinder die Aspekte „Gesunde Ernährung" und „Bewegung" aus der Geschichte „Prinz Ochnöö" vertiefen.

So geht's:

- Nachdem Sie mit den Kindern die Geschichte „Prinz Ochnöö" gelesen haben, erzählen die Kinder, warum der Prinz unglücklich wurde: Er saß nur im Sessel oder auf dem Sofa; hatte kein Interesse, sich an Spielen zu beteiligen; aß Süßspeisen in großen Mengen und vermied den Kontakt zu anderen.

- Sprechen Sie anschließend mit den Kindern darüber, was ihnen Spaß macht, z.B.: sich bewegen, miteinander spielen, etwas Leckeres essen (in Maßen auch Süßigkeiten), Geschichten hören.

- Legen Sie den Streifen Tapete und die Materialien bereit und schlagen Sie den Kindern vor, gemeinsam ein Bild zu gestalten, sodass alle sehen können, was den Prinzen glücklich macht.

- Auf das Tapetenstück wird in Gemeinschaftsarbeit das Gesicht des Prinzen gemalt. Der Prinz hat ein zufriedenes Lächeln, weil er sich gern bewegt und viel mit seiner Freundin Katinka unternimmt. Er ernährt sich gesund, ab und zu isst er in Maßen Süßigkeiten.

- Anschließend schneiden die Kinder aus Prospekten, Illustrierten und Zeitungen Bilder von Lebensmitteln aus und kleben sie um den Kopf des Prinzen herum auf die Tapete.

- Außerdem können sie Symbole für die Aktivitäten finden, die der Prinz mit Katinka unternimmt, und auf die Tapete malen: einen Schlitten, Schlittschuhe, einen Schneeball, einen Schneemann und eine Schneefrau.

- Befestigen Sie das Plakat auf Augenhöhe an einer Wand, sodass es die Kinder immer wieder betrachten können. Sicher berichten sie ihren Eltern gern mithilfe der Gemeinschaftsarbeit von Prinz Ochnöö.

Prinz Ochnöös Geschmacksquiz

So geht's:

- Befüllen Sie die Schalen mit klein geschnittenen Obst- und Gemüsestückchen und stellen Sie diese auf einen Tisch. Legen Sie eine Augenbinde und für jedes Kind einen Teelöffel bereit. Die Kinder setzen sich an den Tisch.

- Lassen Sie die Kinder die Nahrungsmittel benennen, die sich auf dem Tisch befinden. Wissen sie, welche Obst- und Gemüsesorten es speziell im Winter gibt?

- Verbinden Sie dem ersten Kind, das Obst und Gemüse erraten möchte, die Augen.

- Ein anderes Kind darf nun dem Kind mit den verbundenen Augen zwei bis drei Kostproben anbieten.

- Nachdem das Kind die Proben erraten hat, darf es dem nächsten Kind Obst und Gemüse geben.

- Sie können eine oder mehrere Runden spielen.

Tipps:

- Möchte ein Kind sich die Augen nicht verbinden lassen, kann es auch einfach während des Schmeckens die Augen schließen.

- Lassen Sie die Kinder insbesondere die Unterschiede zwischen zwei ähnlichen Nahrungsmitteln vergleichen und genau beschreiben, z. B.: Salatgurke und Essiggurke, Eisbergsalat und Feldsalat.

- Abschließend können die Kinder die Nahrungsmittel auf ein großes Stück Papier malen und mit Ihrer Hilfe beschriften.

- Bleiben am Schluss Obst- und Gemüsestückchen übrig, können die Kinder sie im Anschluss oder im Laufe des Tages essen.

- Sicher bereitet es den Kindern Spaß, an einem folgenden Tag weiteres Obst und Gemüse durch Tasten und Riechen zu erraten. Anregungen dazu finden Sie auf Seite 98.

Thema:
Ernährung

Kompetenzbereiche:
Sinne sensibilisieren, Wortschatz erweitern, Kreativität entfalten

Angrenzende Bildungsbereiche:
Sprache und Literacy, Forschen und entdecken

Kinder:
4

Schwierigkeitsgrad:
★★☆☆☆ bis ★★★☆☆☆

Vorbereitung:
15 Min.

Aktivität:
15 – 30 Min.

Material:
verschiedenes Obst und Gemüse, z. B. Bananen, Orangen, Äpfel, Möhren, Salatgurke, Essiggurken, Paprika, Radieschen, Kohlrabi, Tomaten, Backpflaumen, Rosinen, Eisbergsalat, Feldsalat; pro Nahrungsmittel eine Schale, Augenbinde; ggf. großes Stück Papier, Wasserfarben, verschiedene Pinsel, Wassergläser

Material pro Kind:
Teelöffel

Körper, Bewegung und Gesundheit

Thema:
Ernährung

Kompetenzbereiche:
Sinne sensibilisieren, Wortschatz erweitern

Angrenzende Bildungsbereiche:
Sprache und Literacy, Forschen und entdecken

Kinder:
4

Schwierigkeitsgrad:
★ ★ ☆ ☆ ☆ ☆ bis ★ ★ ★ ★ ☆ ☆

Vorbereitung:
5 Min.

Aktivität:
20 Min.

Material:
verschiedenes Obst, Gemüse und Nüsse, z. B. Walnuss, Haselnuss, Kokosnuss, Erdnuss, Kastanie, Orange, Apfel, Zitrone, Pampelmuse, Möhre, Radieschen, Zwiebel (teilweise je 2 Stück)

Material pro Kind:
Beutel

Prinz Ochnöös Tast- und Geruchsquiz

Vor dieser Übung sollten die Kinder bereits Erfahrungen mit „Prinz Ochnöös Geschmacksquiz" (S. 97) gesammelt haben. In Kombination mit dem Tast- und Geruchsquiz erfahren die Kinder eine Vielzahl von Sinneseindrücken. Die Aussagen der Kinder über ihr Empfinden und die Gerüche können ihren Platz in der Entwicklungsdokumentation finden.

So geht's:

- Legen Sie Obst, Gemüse und Nüsse in eine große Schale. Einen Beutel sollten Sie bereithalten.

- Die Kinder sitzen im Kreis. Zeigen Sie ihnen die Schale. Die Kinder befühlen die Nahrungsmittel und bezeichnen sie.

- Anschließend beschreiben sie die Oberflächenstruktur der Früchte und Nüsse ganz genau.

- Suchen Sie sich zwei unterschiedliche Nahrungsmittel aus und riechen Sie an ihnen. Beschreiben Sie den Kindern die beiden Gerüche und erklären Sie ihnen, welche Unterschiede Sie wahrnehmen.

- Nun können sich die Kinder jeweils zwei Stücke auswählen und deren Duft beschreiben.

- Anschließend werden für jedes Kind jeweils zwei verschiedene Früchte in einen Beutel gesteckt. Das Kind kann sie betasten und erzählen, wie sie sich anfühlen. Welche Früchte könnten es sein?

- Um das Raten zu erschweren, füllen Sie in den Beutel ca. fünf Nahrungsmittel, von denen zwei gleich sind, z. B. zwei Walnüsse. Nun muss das jeweilige Kind das Paar im Beutel durch Tasten finden.

Prinz Ochnöös und Katinkas Winterspiele

So geht's:

- Lesen Sie mit den Kindern die Geschichte „Prinz Ochnöö" und sprechen Sie mit ihnen über die Wintersportarten, die Ochnöö und Katinka am Ende der Geschichte ausüben.

- Die Kinder berichten von eigenen Aktivitäten im Winter: Leben sie in einer schneereichen Region? Oder kennen sie Schnee vielleicht aus dem Winterurlaub?

- Bauen Sie gemeinsam mit den Kindern in der Turnhalle passende Bewegungsmöglichkeiten auf. Die hier angegebenen Vorschläge sind als Anregungen zu verstehen. Die Kinder entwickeln bestimmt viele Ideen mit den in Ihrer Einrichtung vorhandenen Materialien.

  - Eine mit Tüchern und Bettlaken verhängte Sprossenwand stellt in Kombination mit großen Pappkartons das Schloss dar. Kissen und eine kleine Matratze oder Matte dienen den Kindern als Sofa zum Ausruhen.

  - Eine variable Rutschbahn kann den Berg darstellen, auf dem Ochnöö und Katinka Schlitten fahren. Eine Alternative dazu: Grenzen Sie einen Bereich des Raums als „Berg" ab. Innerhalb dieses Bereichs fahren die Kinder paarweise Schlitten – jeweils ein Kind setzt sich auf eine Decke (Schlitten) und wird von seinem Partner gezogen.

  - Sichern Sie die Langbänke mit Matten ab. Wenn die Kinder über umgedrehte Langbänke balancieren, bedeutet dies, dass sie sich ganz vorsichtig auf Schlittschuhen fortbewegen. Jüngere Kinder können auf nicht umgedrehten Langbänken balancieren.

  - Grenzen Sie einen Bereich als Skipiste ab: Hier können die Kinder Abfahrtsski imitieren, indem sie in die Hocke gehen und in den Knien wippen. Außerdem können sie über Hindernisse (kleine weiche Ringe) springen.

  - In einer Ecke liegen viele kleine Schaumstoffbälle oder kleine Kissen, mit denen die Kinder eine Schneeballschlacht machen.

  - Legen Sie in einem weiteren Bereich eine Tapetenrolle bereit, auf die die Kinder Schneemänner und -frauen malen können.

Thema:
Leben im Winter

Kompetenzbereiche:
Motorik weiterentwickeln, Rollenspiel erleben, Kreativität entfalten

Angrenzende Bildungsbereiche:
Kreativität und Musik, Miteinander leben

Kinder:
8–12

Schwierigkeitsgrad:
★☆☆☆☆ bis ★★☆☆☆

Vorbereitung:
20 Min. (Lesen und Aufbau)

Aktivität:
30 Min.

Material:
z. B. Sprossenwand, Tücher, Bettlaken, große Pappkartons, Kissen, kleine Matratze, Matten, Rutschbahn, Decken, Langbänke, kleine weiche Ringe, Schaumstoffbälle, Tapetenrolle, Buntstifte

Thema:
Wolken / Schnee

Kompetenzbereiche:
Entspannung und Empathie spüren, Kreativität entfalten

Angrenzende Bildungsbereiche:
Miteinander leben, Kreativität und Musik

Kinder:
4

Schwierigkeitsgrad:
★ ☆ ☆ ☆ ☆ ☆

Vorbereitung:
15 Min. (Aufpusten der Ballons, Herrichten des Raums)

Aktivität:
30 Min.

Material:
Luftballons, Bettbezug, Duftlämpchen, CD mit Entspannungsmusik, CD-Player, 1–2 leicht transparente Tücher (z. B. aus Chiffon, ca. 1,5 x 1,5 m), Watte, Buntstifte

Material pro Kind:
Bogen weißes Papier

Wie auf Wolken fliegen

So geht's:

- Pusten Sie so viele Luftballons auf, dass die Kinder damit einen Bettbezug vollständig füllen können.

- In einem Nebenraum oder an einem anderen ruhigen Ort schaffen Sie eine harmonische Atmosphäre. Stellen Sie z. B. ein Duftlämpchen auf, schalten Sie Entspannungsmusik ein und verdunkeln Sie leicht die Fenster. Legen Sie die Tücher bereit.

- Ein Kind darf sich vorsichtig auf den mit Luftballons gefüllten Bettbezug legen.

- Drei Kinder und Sie stellen sich links und rechts neben das liegende Kind. Gemeinsam oder paarweise schwenken alle das Tuch oder die Tücher in waagerechter Position vorsichtig auf und ab.

- Anschließend machen die Umstehenden mit den Tüchern leichte Wellenbewegungen über dem Kind.

- Im nächsten Schritt lassen alle gemeinsam kleine Wattestückchen, die Schnee darstellen, auf das liegende Kind fallen.

- Im Wechsel darf jedes Kind einmal auf der Wolke fliegen und sich von einer darüber fliegenden Wolke beschneien lassen.

- Besprechen Sie mit den Kindern die Gedanken und Gefühle, die sie während der Übung hatten.

- Abschließend können die Kinder ein „Wolken-und-Gefühle-Bild" malen.

Tipp:

Nachdem sich alle Kinder, die gern mitmachen wollten, in Kleingruppen an der Aktivität beteiligt haben, kann der Bettbezug mit den Luftballons zum vorsichtigen Umgang in die Kuschelecke gelegt werden.

Ich fühl mich …

Mit diesem Entspannungsangebot können Sie eine Ausruhphase einleiten.

So geht's:

- Die Kinder bilden Paare.

- Schalten Sie die Entspannungsmusik ein. Vielleicht finden Sie ein Stück, das an das Fallen von Schneeflocken erinnert.

- Jedes Paar nimmt sich zwei verschiedene Bälle und eine Decke.

- Eines der beiden Kinder liegt zunächst in Rückenlage entspannt auf der Decke. Das andere Kind rollt abwechselnd einen der beiden Bälle, die Schneeflocken darstellen, über den Körper des liegenden Kindes. Es kann bei den Beinen beginnen, dann über die Arme und den Oberkörper rollen. Erklären Sie den Kindern vorab, dass sie Bescheid geben sollen, falls ihnen eine Berührung nicht angenehm ist.

- Anschließend dreht sich das liegende Kind um, damit das andere Kind die Bälle über seine Rückseite rollen kann.

- Nun werden die Rollen gewechselt.

- Nach dem gemeinsamen Ausruhen sprechen die Kinder über ihre Gefühle während der Entspannung: Worin bestand der Unterschied zwischen den beiden Bällen? An welchen Stellen haben die Berührungen den Kindern am besten gefallen?

Variante:

Während alle Kinder entspannt auf dem Boden liegen, gehen Sie nach und nach zu jedem Kind und rollen mit einem Ball über seinen Körper. Dies steigert die Spannung und Ausdauer der Kinder.

Thema:
Schneeflocken

Kompetenzbereiche:
Sensomotorik verfeinern, Entspannung und Empathie spüren, Konzentrationsfähigkeit weiterentwickeln

Angrenzender Bildungsbereich:
Miteinander leben

Kinder:
8

Schwierigkeitsgrad:
★ ★ ☆ ☆ ☆

Vorbereitung:
2 Min.

Aktivität:
10 – 15 Min.

Material:
CD mit Entspannungsmusik, CD-Player

Material pro Kinderpaar:
Decke, mindestens zwei verschiedene Bälle (z. B. Noppenbälle, Schaumstoffbälle, Tennisbälle, Tischtennisbälle)

Körper, Bewegung und Gesundheit

Thema:
Natur im Winter

Kompetenzbereiche:
Feinmotorik und Konzentrationsfähigkeit weiterentwickeln, Entspannung spüren

Angrenzender Bildungsbereich:
Kreativität und Musik

Kinder:
1–6

Schwierigkeitsgrad:
★★☆☆☆☆ bis ★★★★☆☆

Vorbereitung:
10 Min. (Kopieren)

Aktivität:
10–15 Min.

Material:
Buntstifte, CD mit winterlicher Musik (z. B. Leopold Mozart: „Musikalische Schlittenfahrt"), CD-Player, Klebstoff

Material pro Kind:
1–2 Kopien der Mandalas (S. 110/111), Schere, DIN-A4-großes Stück Tonpapier oder Goldfolie; ggf. günstiger Wechselrahmen (ca. 30 x 21 cm)

Eiskristall-Mandalas

Wenn sich die Kindern bereits mit Eiskristallen beschäftigt (S. 83) und Erfahrungen zu diesem Thema gesammelt haben (S. 84/85), bietet sich das Ausmalen von Mandalas besonders gut an.

So geht's:

- Kopieren Sie für jedes Kind ein oder zwei Eiskristall-Mandalas und legen Sie gut gespitzte Buntstifte mit weichen Minen und kräftigen Farben bereit.

- Sorgen Sie mithilfe passender Musik für eine entspannte Atmosphäre. Um eine winterliche Stimmung zu schaffen, können Sie zum Beispiel Leopold Mozarts „Musikalische Schlittenfahrt" auflegen.

- Die Kinder suchen sich aus, ob sie einzeln oder in kleinen Gruppen sitzen möchten, um an ihren Mandalas zu arbeiten.

- Je länger und konzentrierter sich die Kinder mit dem Ausmalen beschäftigen, desto mehr entspannen sie.

- Die Kinder können ihre Mandalas ausschneiden und auf Tonpapier oder Goldfolie kleben.

Tipps:

- Die entstandenen Bilder eignen sich nicht nur zur Gestaltung des Gruppenraums oder Flurs; eingerahmt können sie auch als Weihnachtsgeschenke verwendet werden.

- Als Fortführung des Themas Mandala bietet sich die Gestaltung aus Naturmaterialien (S. 51) an.

Eiskristalle backen

Zutaten für 25 Kinder:

1 kg Mehl, 200 g fein gemahlene Mandeln, 8 Eier, 400 g Zucker,
720 g Butter, 800 g Puderzucker, etwas Hagelzucker zum Dekorieren

So geht's:

- Bereiten Sie die Schablonen für einfache Eiskristalle (S. 87) aus fester Pappe vor. Sie können die Schablonen auch aus verkleinerten Kopien herstellen.

- Legen Sie die Arbeitsmaterialien und die Zutaten für den Plätzchenteig bereit. Mithilfe einer Waage oder eines Messbechers lernen die Kinder den Umgang mit Maßen, Gewichten und Zahlen kennen.

- Greifen Sie beim Backen die Themen „Kälte" (Eiskristalle) und „Wärme" (Backofen) auf.

- Das Mehl mit den gemahlenen Mandeln auf der Arbeitsfläche vermischen. In die Mitte der Mehl-Mandel-Mischung eine Kuhle drücken. In die Kuhle geben die Kinder die Eigelbe und den Zucker. Darüber kleine Butterflöckchen verteilen.

- Die Zutaten gut vermischen und schnell zu einem glatten Teig verkneten.

- Wickeln Sie den Teig in Frischhaltefolie und lassen Sie ihn 30 Minuten im Kühlschrank ruhen.

- Der Ofen wird auf 175 °C vorgeheizt. Belegen Sie das Backblech mit Backpapier.

- Rollen Sie den Teig aus. Mithilfe der Schablonen und der Teigräder übertragen die Kinder die Umrisse der Eiskristalle auf den Teig. Anschließend heben sie die Plätzchen vorsichtig heraus und legen sie auf das Backblech. Kleinere Kinder können Stern-Ausstechformen verwenden.

- Bei einer großen Teigmenge bietet es sich an, zum größten Teil mit Stern-Ausstechformen zu arbeiten. Dadurch reduziert sich die Arbeitszeit.

- Backzeit: 10–12 Minuten bei 150 °C.

- Nehmen Sie die Plätzchen aus dem Backofen und lassen Sie sie abkühlen.

- Die Eiweiße in einer hohen Schüssel rühren und unter Rühren den Puderzucker hinzufügen, bis eine feste Masse entsteht.

- Die erkalteten Plätzchen bestreichen die Kinder mit dem Puderzuckerguss und streuen anschließend Hagelzucker darüber.

Tipps:

- Sind die Plätzchen fertig, kann die ganze Gruppe sie in gemütlicher Atmosphäre zusammen mit Kinderpunsch (S. 106) genießen.

- Vielleicht möchten die Kinder im Anschluss Eiskristalle für die Gruppenfenster gestalten (S. 84), falten (S. 85) oder Mandalas malen (S. 102, 110/111).

Thema:
Ernährung

Kompetenzbereiche:
Feinmotorik weiterentwickeln, Maße, Gewichte und Zahlen kennenlernen

Angrenzende Bildungsbereiche:
Forschen und entdecken, Kreativität und Musik

Kinder:
2–4

Schwierigkeitsgrad:
★ ★ ★ ☆ ☆ ☆

Vorbereitung:
10 Min. (Herstellung der Schablonen)

Aktivität:
60–90 Min.

Material:
Kopien des einfachen Eiskristalls (S. 87), feste Pappe, Messer, Frischhaltefolie, Backpapier, Stern-Ausstechformen, hohe Schüssel, Schneebesen

Material pro Kind:
Teigrad, Backpinsel

Körper, Bewegung und Gesundheit

Thema:
Ernährung

Kompetenzbereich:
Maße und Zahlen kennen-
lernen

**Angrenzender
Bildungsbereich:**
Forschen und entdecken

Kinder:
2

Schwierigkeitsgrad:
★ ☆ ☆ ☆ ☆

Vorbereitung:
70 Min. (mit Erkalten)

Aktivität:
10–15 Min.

Material:
Messbecher, 2 große Töpfe,
Saftpresse, Kochlöffel,
Suppenkelle

Thema:
Ernährung

Kompetenzbereich:
Feinmotorik weiterentwickeln

**Angrenzender
Bildungsbereich:**
Forschen und entdecken

Kinder :
2–4

Schwierigkeitsgrad:
★ ★ ☆ ☆ ☆

Vorbereitung:
2 Min.

Aktivität:
10 Min.

Material:
Obstmesser, Schneidebrett

Material pro Kind:
Messer, Schneidebrett

Katinkas Zaubertrunk

Zutaten für 25 Kinder:

6 Liter Blutorangentee oder anderer Früchtetee, 3 Liter Aprikosen- oder Bananensaft, 3 Orangen, 2 Zitronen, Honig

So geht's:

- Kochen Sie den Blutorangentee und lassen Sie ihn erkalten.
- Die Kinder mischen den Tee mit dem Aprikosen- oder Bananensaft.
- Pressen Sie die Orangen und Zitronen aus. Die Kinder fügen den Saft der Tee-Saft-Mischung bei. Dadurch wird der „Zaubertrunk" noch fruchtiger.
- Nun fügen die Kinder noch etwas Honig hinzu.
- Der Trunk kann der ganzen Gruppe mit lustigen Trinkhalmen zur Erfrischung gereicht werden.

Apfelkronen mit Brothäppchen

Zusammen mit dem Zaubertrunk und einigen Brothäppchen lassen sich die Apfelkronen beim Frühstücksbüfett auftragen. Sie können aber auch als Vesper-Mahlzeit am Nachmittag verzehrt werden.

Zutaten für 25 Kinder:

13 Äpfel, Vollkornbrot, Butter, individueller Brotbelag

So geht's:

- Schneiden Sie die Äpfel rundum im Zickzack bis ins Kerngehäuse ein, sodass sich die Hälften leicht auseinandernehmen lassen.
- Die Kinder können währenddessen die Brothäppchen mit Butter bestreichen, individuell belegen und zusammen mit den Apfelkronen auf dem Tisch arrangieren.

Prinz Ochnöös Wintermüsli

Zutaten für 25 Kinder:

2 kg Haferflocken, 500 g gehackte Walnüsse, 7 Äpfel, 13 Bananen,
1–2 Liter Sahne, 5 Liter Milch; ggf. Soja-Drink

So geht's:

- Stellen Sie in großen Schüsseln Haferflocken und gehackte Walnüsse auf den Tisch. In jeder Schüssel befindet sich ein Esslöffel zum Schöpfen.

- Stellen Sie für jedes teilnehmende Kind ungefähr eine halbe Banane, ein Viertel eines Apfels sowie ausreichend Milch und Sahne bereit.

- Jedes Kind erhält eine kleine Schale, einen Teelöffel, ein Obstmesser und ein Brettchen.

- Die Kinder füllen ihre Schalen zunächst mit einigen Esslöffeln Müsli, dann gießen sie Sahne und Milch (wahlweise Soja-Drink) hinzu.

- Sie schneiden ihre Banane und ihren Apfel auf dem Brettchen in kleine Stücke und geben sie in das Müsli.

- Jedes Kind streut abschließend gehackte Walnüsse über sein Müsli.

Tipps:

- Am besten eignet sich die Zubereitung des Wintermüslis für Kleingruppen, etwa zur Variation des morgendlichen Frühstücksbüfetts.

- Das Müsli hat durch die Bananen und die Äpfel eine natürliche Süße. So lernen die Kinder Nahrungsmittel kennen, die ihr Bedürfnis nach Süßem ohne Zuckerbeigabe befriedigen.

Thema:
Ernährung

Kompetenzbereiche:
Maße und Zahlen kennenlernen, Feinmotorik weiterentwickeln

Angrenzender Bildungsbereich:
Forschen und entdecken

Kinder:
25

Schwierigkeitsgrad:
★ ★ ☆ ☆ ☆

Vorbereitung:
10 Min.

Aktivität:
15–20 Min.

Material:
2 große Schüsseln, 2 Esslöffel

Material pro Kind:
kleine Schale, Teelöffel, Obstmesser, Schneidebrett

Körper, Bewegung und Gesundheit

Thema:
Ernährung

Kompetenzbereich:
Zahlen und Maße kennen-
lernen

**Angrenzende
Bildungsbereiche:**
Forschen und entdecken,
Miteinander leben

Kinder:
2–4

Schwierigkeitsgrad:
★ ★ ★ ☆ ☆ ☆

Vorbereitung:
5 Min.

Aktivität:
15–25 Min.

Material:
Messbecher, 2 große Töpfe,
2 Tee-Eier, Esslöffel, Obstmesser, Saftpresse, Reibe,
Kochlöffel, Suppenkelle

Kinderpunsch

Zutaten für 25 Kinder:

8 Beutel Früchtetee (z. B. Waldbeerentee), 3 Liter Apfelsaft, 20 Nelken,
8 Zimtstangen, Zimtpulver, 10 unbehandelte Zitronen, 5 unbehandelte
Orangen, Honig oder brauner Zucker

So geht's:

* Stellen Sie die Arbeitsmaterialien und die Zutaten für den Kinderpunsch
  bereit. Mithilfe eines Messbechers lernen die Kinder den Umgang mit
  Zahlen und Maßen kennen.

* Messen Sie mit den Kindern in einem Messbecher 6 Liter Wasser ab.
  Regen Sie die Kinder dazu an, zu zählen, wie häufig der Messbecher
  gefüllt werden muss.

* Die Kinder verteilen dabei das Wasser (je 3 Liter) auf zwei große Töpfe.
  Lassen Sie das Wasser aufkochen und legen Sie je vier Beutel Waldbeerentee oder anderen Früchtetee in jeden Topf. Der Tee muss 8 Minuten
  ziehen.

* Die Kinder messen im Messbecher 3 Liter Apfelsaft ab. Jeweils 1,5 Liter
  Apfelsaft geben Sie in einen Topf mit Tee. Die Kinder zählen 20 Nelken ab
  und füllen diese in zwei Tee-Eier. Legen Sie diese in die beiden Töpfe.
  Fügen Sie jeweils vier von den Kindern abgezählte Zimtstangen hinzu.
  Wenn der Zimtgeschmack etwas intensiver sein soll, fügen Sie in jeden
  Topf noch 2–4 Esslöffel Zimtpulver hinzu.

* Lassen Sie die Kinder 10 Zitronen und 5 Orangen abzählen. Nachdem
  der Saft ausgepresst wurde, wird er gleichmäßig auf die beiden Koch-
  töpfe aufgeteilt.

* Reiben Sie mit den Kindern eine unbehandelte Zitronen- und eine unbehandelte Orangenschale ab. Verteilen Sie die abgeriebenen Schalen auf
  die zwei Töpfe und lassen Sie alles etwa 10 Minuten heiß ziehen, aber
  nicht mehr kochen.

* Süßen Sie nach Belieben mit Honig oder braunem Zucker.

Tipp:

Zum Punsch schmecken die selbst gebackenen Eiskristalle von Seite 103
besonders gut.

Knackiger Salat mit Vollkornbrötchen

Zutaten für 25 Kinder:

für den Salat: 5 Köpfe Eisbergsalat, 6 Paprikaschoten (bunt), 5 Salatgurken, 500 g Möhren, 5 Bund Radieschen, 250 g gehackte Walnüsse; ggf. Butter, Vollkornbrötchen

für die Salatsoße: 2,5 Zitronen, 5 Esslöffel Honig oder Zucker, 250 ml Öl, 250 ml Mineralwasser, Pfeffer, Salz, Schnittlauch, 5 Zwiebeln

So geht's:

- Stellen Sie alle Zutaten für die Zubereitung des Eisbergsalats bereit.
- Zählen, wiegen und messen Sie mit den Kindern gemeinsam die einzelnen Zutaten ab.
- Die Kinder waschen den Salat und das Gemüse.
- Die Kinder bereiten zunächst die Salatsoße zu: Sie pressen die Zitronen aus, zählen anschließend die Esslöffelmengen Zitronensaft, Zucker oder Honig, Öl und Mineralwasser für die Salatschüsseln ab und verfeinern die Soße mit Salz, Pfeffer und Schnittlauch.
- Sie verteilen anschließend die Salatsoße auf die fünf Salatschüsseln.
- Indem die Kinder den Salat und das restliche Gemüse (außer den Walnüssen) klein schneiden, erhalten sie nicht nur ein Gefühl für Mengen, sondern auch für Teilungsverhältnisse. Sie können z. B. zwei ähnlich große Salatgurken vergleichen: So groß ist die nicht geschnittene Gurke. – So viele Scheiben erhält man, nachdem die Gurke in ungefähr gleich große Stücke geschnitten wurde.
- Alle klein geschnittenen Zutaten werden in die Salatschüsseln gegeben und mit der Soße vermengt.
- Abschließend wiegen Sie mit den Kindern die gehackten Walnüssen ab. Die Kinder verteilen sie auf die fünf Salatschüsseln.
- Gebutterte Vollkornbrötchen eignen sich gut als Beilage.

Thema:
Ernährung

Kompetenzbereiche:
Feinmotorik weiterentwickeln, Maße, Mengen und Gewichte kennenlernen

Angrenzende Bildungsbereiche:
Kreativität und Musik, Forschen und entdecken

Kinder:
2–4

Schwierigkeitsgrad:
★ ★ ★ ☆ ☆

Vorbereitung:
10 Min. (ohne Einkauf)

Aktivität:
30–40 Min.

Material:
5 Salatschüsseln, 5 x Salatbesteck

Material pro Kind:
Obstmesser, Schneidebrett, Esslöffel

Körper, Bewegung und Gesundheit

Gestaltungsvorlage: „Och nöö!"-Karten

✂

Gestaltungsvorlage: „Oh ja!"-Karten

✂

Gestaltungsvorlage: Eiskristall-Mandala „Schneemann"

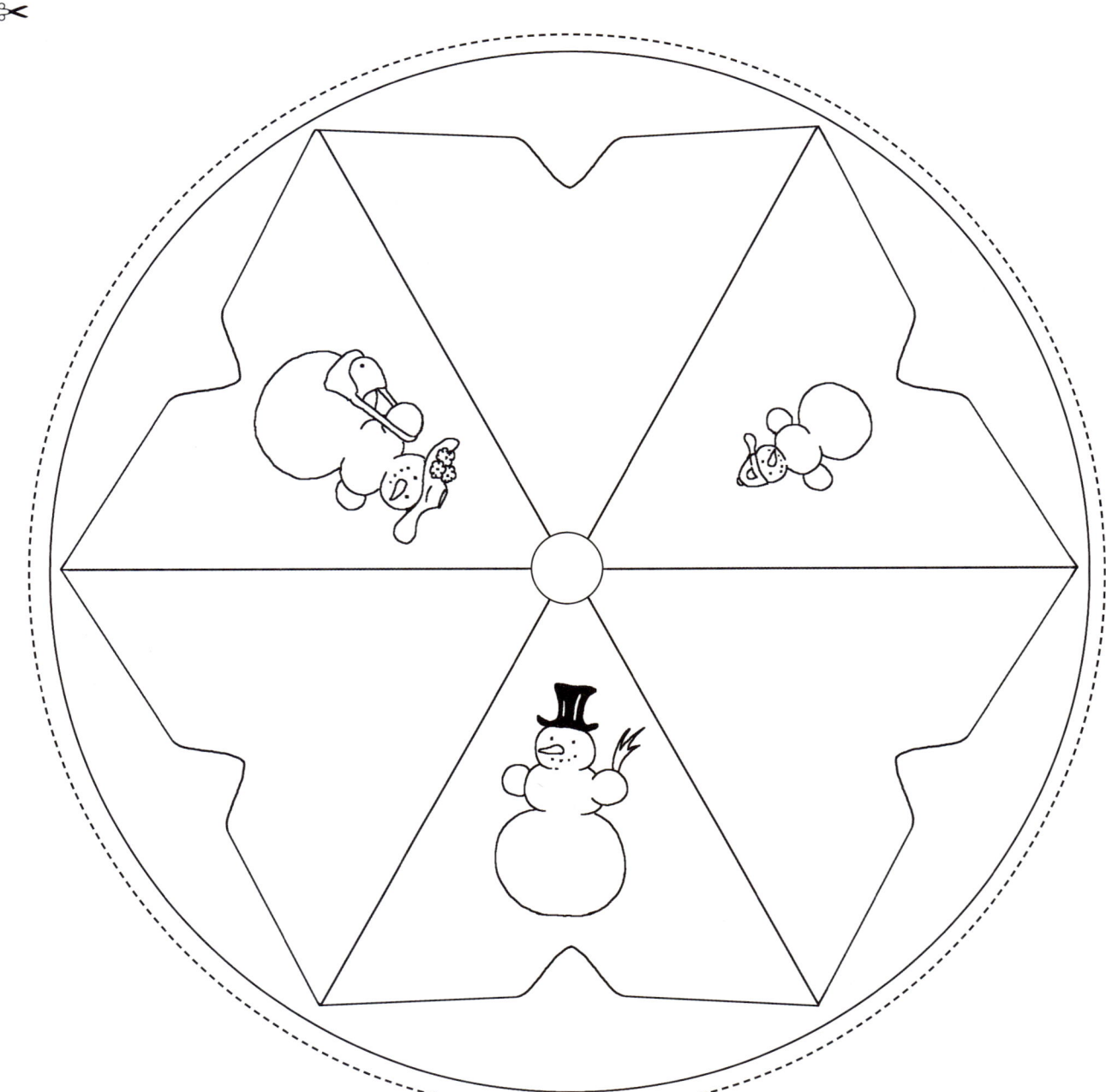

Gestaltungsvorlage: Eiskristall-Mandala „Stern"

✂

Miteinander leben

Vorbemerkungen

Emotionale und soziale Kompetenzen entwickeln Kinder nur innerhalb und mithilfe von sozialen Beziehungen. Sich in andere hineinzuversetzen, ihre Bedürfnisse und Gefühle zu erkennen und sie dadurch verstehen und einschätzen zu können – diese Fähigkeiten sind Voraussetzungen dafür, dass sich ein Kind in eine Gemeinschaft integrieren kann. Erwachsene Bezugspersonen spielen bei diesem Entwicklungsprozess eine wichtige Rolle. Ihre emotionale Zuwendung, Verlässlichkeit und Respektierung der kindlichen Autonomie sind wesentlich dafür, dass ein Kind tragfähige Beziehungen entwickeln kann.

Beim Umgang mit den eigenen Gefühlen durchlaufen Kinder wichtige Lernprozesse. Jedes Kind bringt von Geburt an sein Temperament und seine Gefühle mit und muss lernen, diese zu steuern. Gespräche über Gefühle unterstützen es auf diesem Weg. Sie erleichtern es dem Kind, die eigenen Gefühle und die der anderen zu erkennen und zu verstehen.

Der Kontakt zu anderen Menschen, das Bedürfnis, Gefühle miteinander zu teilen, und der Wunsch nach Zugehörigkeit sind ein menschliches Grundbedürfnis. Mensch sein bedeutet deshalb auch immer, zu verschiedenen Bezugsgruppen zu gehören, sich als Teil der jeweiligen Gruppe zu erfahren und innerhalb dieser Gruppen bestimmte Rollen und Funktionen einzunehmen. Für Kinder ist die Familie die erste Gruppe, in der sie sich – je nach Familienkonstellation – gleichzeitig als Kind der Eltern, als Schwester, Bruder oder Enkelkind erleben. Ein Schwerpunkt der Aktivitäten dieses Kapitels gilt deshalb diesem Thema. Wenn die Kinder z. B. verstehen, dass Oma und Opa gleichzeitig die Eltern ihrer eigenen Eltern sind, haben sie bereits ein Verständnis für genealogische Zusammenhänge gewonnen und sich selbst als Teil eines sozialen Gefüges erkannt.

Der Kindergarten stellt für viele Kinder das erste Bezugsfeld außerhalb der Familie dar. Hier treffen sie auf viele zunächst fremde Erwachsene und Kinder. Mit der Zeit wachsen die Kinder in den Alltag der Einrichtung hinein und gewinnen mehr und mehr Selbstsicherheit. Ihr geistiges und emotionales Erfahrungsfeld erweitert sich beträchtlich. Sich gegenseitig zu schätzen, einander zu helfen, miteinander zu streiten und miteinander Spaß zu haben, ist nur ein kleiner Ausschnitt an Erfahrungen, die Kinder im Kindergarten sammeln.

Der Kontakt zu Personen wie etwa dem Postboten, der jeden Morgen dort die Briefe abgibt, oder dem Handwerker, der das defekte Tor repariert, weiten das Spektrum ebenso aus wie Erkundungsgänge in die nähere Umgebung: Wo ist der nächste Supermarkt, in dem wir die Zutaten für unsere Plätzchen kaufen können? Oh, zwei Straßen weiter befindet sich die Grundschule, in die wir im Sommer gehen werden! Solche Entdeckungen geben Kindern Orientierung und lassen sie spüren, dass sie über ihre Familie und den Kindergarten hinaus Teil eines größeren sozialen Gefüges sind. Die Gestaltung eines Festes, zu dem die Kinder Familienmitglieder und Nachbarn einladen, bietet sich deshalb als Abschluss des Winterprojekts oder als Höhepunkt der Aktivitäten dieses Kapitels an.

Aktivgeschichte

In der Aktivgeschichte „Omas kranker Fuß" besucht Paul jeden Mittwoch seine Großmutter. Sie essen Schokoladenkuchen und trinken Kakao, anschließend gehen sie gemeinsam auf den Spielplatz oder füttern Enten. Aber eines Tages ist alles anders: Oma hat sich den Fuß verstaucht, sie humpelt und geht an Krücken. Leider konnte sie keinen Kuchen backen. Da sie ihren Fuß schonen muss, können Oma und Paul nicht nach draußen gehen. Aber das macht nichts. Paul holt Kakao und Kekse aus der Küche und sie machen es sich auf dem Sofa bequem.

Erst bei Pauls drittem Besuch ist es so weit: Oma ist wieder ganz gesund! Paul und Oma gehen nach draußen, um im Schnee zu spielen.

Paul ist ein Kind, das sich rasch auf die neue Situation einstellen kann: Zwar ist er zunächst ein wenig enttäuscht, dass seine Oma mit dem verstauchten Fuß nicht rausgehen kann, aber dann genießt er die gemeinsamen Nachmittage in der Wohnung.

Mithilfe der Aktivgeschichte lernen die Kinder zeitliche Abläufe kennen und einzuschätzen: Dreimal geht Paul mittwochs durch den Schnee zu seiner Großmutter, dreimal öffnet sie ihm die Tür. Das Klackern von Omas Krücken ist ein Geräusch, das die Kinder gern nachahmen. Es verändert sich von Mal zu Mal, da Oma mit der Zeit immer besser gehen kann.

Praxisseiten

Die Beziehung zwischen Paul und seiner Großmutter, ihr freundlicher Umgang miteinander und all die Dinge, die sie miteinander erleben, eignen sich hervorragend als Anknüpfungspunkte für familienbezogene Aktivitäten. Die folgenden Seiten geben Anregungen, wie Großeltern, Eltern und Kinder sich miteinander beschäftigen und voneinander lernen können. Außerdem gibt es Aktivitäten, bei denen die Kinder auch Menschen aus ihrer näheren Umgebung kennenlernen können.

Durch die gemeinsame Herstellung eines Bilderbuchs, das von Paul und seiner Oma handelt, wird die Geschichte vertieft (S. 118). Die Kinder üben einen kooperativen Umgang miteinander, indem sie sich darüber austauschen, welche Bilder sie für das Buch malen möchten. Auf Seite 128 finden Sie ein passendes Ausmalbild, das Sie kopieren können.

Das gemeinsame Herstellen einer Generationendecke (S. 119) ist eine einfache und reizvolle Möglichkeit, im Familienkreis gestalterisch tätig zu werden.

Die Großmutter, die Geschichten erzählt, war schon immer ein wichtiger Bestandteil in der kindlichen sozialen Entwicklung. Der von den Kindern gestaltete Fragenkatalog (S. 120) an die Eltern und Großeltern gibt den Kindern die Gelegenheit, gezielt Nachforschungen über deren Leben anzustellen und einen unmittelbaren Erfahrungsaustausch mit nahen Bezugspersonen zu erleben. Durch die Gespräche wird der Wortschatz der Kinder gefördert und das emotionale Verhältnis der Familienmitglieder untereinander noch weiter gestärkt.

Das Spiel „Zeit-Spuren-Suche" (S. 121) vermittelt den Kindern ein tieferes Verständnis ihrer Lebenswelt.

Durch Spuren, die die Zeit auf Dingen hinterlässt, erfahren sie Geschichten anderer Menschen. Neugier und Fantasie werden angeregt.

Der Familienstammbaum (S. 122) hilft den Kindern, die Beziehungen der Familienmitglieder untereinander genauer kennenzulernen. Auf Seite 123 gestalten die Kinder ihre Familienmitglieder aus Ton. Die Figuren können dazu genutzt werden, im Rollenspiel familiäre Strukturen darzustellen und zu verarbeiten.

Die Aktivitäten „Es gibt viel zu entdecken" (S. 124) und „Winterbäckerei" (S. 125) gehen über familiäre Zusammenhänge hinaus. Das genaue Erkunden des räumlichen Umfelds und das Kennenlernen von Menschen, die sich darin aufhalten, ist ein weiterer wichtiger Erfahrungskomplex. Dazu gehören auch Sachkenntnisse über verschiedene Einrichtungen und Berufe: Wie wird beispielsweise in einer Bäckerei gearbeitet? Oder wie lang braucht unser Briefträger jeden Tag, um alle Briefe auszutragen?

Das Kapitel schließt mit Vorschlägen zur Förderung des Verbunds von Einrichtung und Nachbarschaft: Viele kreative Bestandteile des Projekts, etwa den Wintertanz (S. 126), können die Kinder während des Winterfests mit Nachbarn (S. 127) präsentieren.

Aktivgeschichte: Omas kranker Fuß

auf der Stelle laufen	Jeden Mittwoch besucht Paul Oma.
eine imaginäre Türklinke herunterdrücken, mühsam die Tür aufziehen und dabei „Uff!" stöhnen	Er **läuft** den Fußweg entlang, bis zu Omas Haus. Er **öffnet die schwere Eingangstür**.
die Beine abwechselnd sehr hoch heben und wieder abstellen	Er **steigt** die steile Treppe **hinauf**.
auf den Zehenspitzen stehen und sich nach oben strecken	Vor Omas Tür **stellt** er **sich auf die Zehenspitzen**
mit dem Zeigefinger auf einen imaginären Knopf drücken und „Dingdong!" rufen	und **drückt auf den Klingelknopf**.
eine Hand ans Ohr halten und den Kopf lauschend nach vorne beugen	Dann **legt** er **ein Ohr an die Tür** und **lauscht**.
„tapp, tapp, tapp, tapp" sagen	Da! Schon hört er Omas Schritte: **tapp, tapp, tapp, tapp.** Die Tür geht auf
schnuppern und „Mmh!" sagen	und es **duftet** sehr, sehr lecker. Nach Kuchen!
	Paul begrüßt Oma, umarmt sie und rennt ins Wohnzimmer. Auf dem Tisch steht der Kakao und ein großer Teller mit Schokokuchen.
eine imaginäre Tasse zum Mund führen und trinken	Oma und Paul **trinken** Kakao.
kauen, schlucken und sich den Bauch reiben	Sie **essen** den tollen Kuchen.

Danach machen sie immer etwas Feines zusammen:
Sie gehen Enten füttern oder auf den Spielplatz.
Sie besuchen die Tiere im Zoo oder sie gehen ins Kino.
Mit Oma ist es prima!

Heute ist wieder Mittwoch.
Paul **läuft** zu Omas Haus.
Es schneit ein wenig.
Paul **streckt die Zunge heraus** und fängt die Schneeflocken auf.

Hoffentlich bleibt der Schnee liegen!
Paul steht vor Omas Haus.
Er **öffnet die schwere Eingangstür**.

Er **steigt** die steile Treppe **hinauf**.

Vor Omas Tür **stellt** er **sich auf die Zehenspitzen**

und **drückt auf den Klingelknopf**.

Dann **legt** er **ein Ohr an die Tür** und **lauscht**.

Da! – Paul hört Omas Schritte. Aber etwas ist seltsam.
Die Schritte klingen anders als sonst: **klock – klock – tapp,
klock – klock – tapp**.
Es dauert ziemlich lange, bis die Tür endlich aufgeht.
Paul erschrickt: Oma hat an einem Fuß einen dicken Verband –
und sie geht an zwei Krücken!

Sie hat sich am Vormittag den Fuß verstaucht und darf nicht
auftreten. Der Fuß tut ziemlich weh! Deshalb ist es am besten,
wenn Oma auf dem Sofa sitzt und den kranken Fuß hochlegt.
Oh, wie schade! Paul wäre mit Oma so gerne in den verschneiten
Park gelaufen. Sie hätten eine Schneeballschlacht machen
können. Leider geht das heute nicht. Omas Fuß braucht Ruhe.

Paul **schnuppert**.
Heute duftet es auch nicht nach Schokokuchen. Oma konnte
nicht backen. Paul und Oma machen es sich trotzdem gemütlich.
Oma legt den Fuß hoch und Paul holt Kakao und Kekse aus der
Küche. Später spielen sie Autoquartett. Da gewinnt Paul immer.

auf der Stelle laufen

*Kopf in den Nacken legen und
die Zunge herausstrecken*

*eine imaginäre Türklinke
herunterdrücken, mühsam die
Tür aufziehen und dabei „Uff!"
stöhnen*
*die Beine abwechselnd sehr
hoch heben und wieder
abstellen*
*auf den Zehenspitzen stehen
und sich nach oben strecken*
*mit dem Zeigefinger auf einen
imaginären Knopf drücken und
„Dingdong!" rufen*
*eine Hand ans Ohr halten und
den Kopf lauschend nach
vorne beugen*

*langsam „klock – klock – tapp,
klock – klock – tapp" sagen*

schnuppern

Miteinander leben

stapfen

Oma versteht nicht so viel von Autos. Es wird trotz allem
ein schöner Nachmittag.

Eine Woche später, am nächsten Mittwoch, besucht Paul Oma
wieder.
Es schneit in dichten Flocken.
Schon die ganze Woche hat es geschneit
und Paul muss jetzt richtig **durch den Schnee stapfen**.

trampeln
sich Oberkörper und Beine
abklopfen

Vor Omas Haus bleibt er stehen.
Er **trampelt** sich **kräftig** den Schnee von den Stiefeln.
Er **klopft** sich den Schnee **von seiner Jacke und seiner Hose**.

eine imaginäre Türklinke
herunterdrücken, mühsam die
Tür aufziehen und dabei „Uff!"
stöhnen

Dann **öffnet** er **die schwere Eingangstür**.

die Beine abwechselnd sehr
hoch heben und wieder
abstellen

Er **steigt** die steile Treppe **hinauf**.

auf den Zehenspitzen stehen
und sich nach oben strecken

Vor Omas Tür **stellt** er **sich auf die Zehenspitzen**

mit dem Zeigefinger auf einen
imaginären Knopf drücken und
„Dingdong!" rufen

und **drückt auf den Klingelknopf**.

eine Hand ans Ohr halten und
den Kopf lauschend nach
vorne beugen

Er **legt ein Ohr an die Tür** und **lauscht**.

langsam „klock – tapp – tapp,
klock – tapp – tapp" sagen

Huch! Omas Schritte klingen wieder anders.
Paul hört: **klock – tapp – tapp, klock – tapp – tapp**.

„Oh!", sagt Paul, als Oma die Tür öffnet.
Der Verband ist weg und die Krücken sind auch verschwunden.
Oma geht jetzt an einem Stock.
Ihr Fuß tut fast nicht mehr weh.
„Können wir in den Park gehen?", fragt Paul.
„Leider nein, mein Junge. Ich darf mit dem kranken Fuß noch
nicht fest auftreten", sagt Oma.

Paul ist ein bisschen traurig. Draußen liegt so herrlicher Schnee.
Wer weiß, wie lange der noch liegen bleibt?
Aber dann wird es doch noch ein toller Oma-Nachmittag:
Oma legt den kranken Fuß hoch. Paul holt Kakao und Kekse
aus der Küche und dann schauen sie sich zusammen
das dicke Fotoalbum mit Pauls Babybildern an. Und Oma erzählt,
was Paul für witzige Sachen gemacht hat, als er klein war.

Es schneit die ganze nächste Woche.
Als Paul am Mittwoch zu Oma **läuft**, fahren Schneepflüge durch die Straßen und über die Gartenzäune schauen Schneemänner.
Hoffentlich kann Oma wieder richtig laufen.
Paul hat seinen Schlitten mitgenommen.
Er möchte so gerne mit Oma zum Rodelberg im Park gehen.

Vor Omas Haus stellt Paul den Schlitten ab.
Er **trampelt** sich **kräftig** den Schnee von den Stiefeln.
Er **klopft** sich den Schnee **von seiner Jacke und seiner Hose**.

Dann **öffnet** er **die schwere Eingangstür**.

Er **steigt** die steile Treppe **hinauf**.

Vor Omas Tür **stellt** er **sich auf die Zehenspitzen**

und **drückt auf den Klingelknopf**.

Er **legt ein Ohr an die Tür** und **lauscht**.

Da – das sind Omas Schritte!
Und sie klingen toll: **tapp, tapp, tapp, tapp!**
Oma öffnet die Tür.
„Mmmmh!" Paul **schnuppert**.
Es duftet nach Schokokuchen – lecker!

Aber was ist das?
Oma hat ihre dicke Jacke und die Winterstiefel an.
Sie trägt Handschuhe und auf dem Kopf eine warme Mütze.
Und – sie hat keine Krücken und keinen Stock!
„Ich glaube, den Schokokuchen essen wir nachher!", sagt sie.
„Hast du deinen Schlitten mitgebracht, Paul? Ich muss nämlich heute unbedingt in den Park zum Rodelberg gehen. Was hältst du davon?"
Was ist das für eine Frage? Davon hält Paul natürlich sehr viel!
„Hurra!", ruft er
und **springt** vor Freude **in die Luft**.
Dann gibt er Oma einen dicken Kuss.

---

auf der Stelle laufen

trampeln
sich Oberkörper und Beine abklopfen
eine imaginäre Türklinke herunterdrücken, mühsam die Tür aufziehen und dabei „Uff!" stöhnen
die Beine abwechselnd sehr hoch heben und wieder abstellen
auf den Zehenspitzen stehen und sich nach oben strecken
mit dem Zeigefinger auf einen imaginären Knopf drücken und „Dingdong!" rufen
eine Hand ans Ohr halten und den Kopf lauschend nach vorne beugen

„tapp, tapp, tapp, tapp" sagen

„Mmh!" sagen und schnuppern

„Hurra!" rufen
in die Luft springen

Miteinander leben

Thema:
Familie

Kompetenzbereiche:
Empathie und Erzählfähigkeit
weiterentwickeln, Wortschatz
erweitern, Kreativität entfalten

**Angrenzende
Bildungsbereiche:**
Sprache und Literacy,
Kreativität und Musik

Kinder:
3–4

Schwierigkeitsgrad:
★ ★ ★ ☆ ☆

Vorbereitung:
10 Min. (Gespräch)

Aktivität:
20–30 Min.

Material:
2 DIN-A4-Bogen aus hellem
Tonpapier, Buntstifte, Filzstifte,
Laminierfolie, Locher, Band

Material pro Kind:
1–2 DIN-A4-Blätter;
ggf. Ausmalbild (S. 128)

Oma und Paul

Zur Vertiefung der Aktivgeschichte gestalten die Kinder in Gemeinschaftsarbeit ein Buch. Wenn sich mehrere Kleingruppen daran beteiligen, entstehen viele Seiten für das Bilderbuch.

So geht's:

- Die Kinder erzählen, welche Aktivitäten Paul und Oma in der Wohnung
  und draußen unternehmen. Jedes Kind wählt ein bis zwei Aktivitäten aus,
  die es gern malen möchte. Möglichkeiten sind: Oma und Paul am Teich,
  im Zoo, im Kino, beim Kartenspielen, beim Kuchenessen, beim Rodeln.
  Außerdem können die Kinder fabulieren und sich weitere Aktivitäten ausdenken, die sie abbilden möchten.

- Die Kinder brauchen jeweils ein bis zwei DIN-A4-Blätter, auf denen Sie
  zuvor einen kleinen Bereich mit einem Stift markiert haben. Erklären Sie
  den Kindern, dass Sie ihre Erzählungen darüber, was auf dem Bild zu
  sehen ist, in den Bereich schreiben werden, wenn die Bilder fertig sind.

- Im Anschluss gestalten die Kinder das Cover des Buches. Entweder
  entwerfen sie ein eigenes Cover oder sie verwenden das Ausmalbild von
  Seite 128. Wenn sie es mittig auf ein Stück Tonkarton kleben, können die
  Kinder unter Ihrer Anleitung darüber ihre eigenen Namen als Autoren
  schreiben. Unter das Bild wird der Titel des Buches geschrieben.

- Zu einem richtigen Buch gehört auch ein Text, der den Inhalt auf der
  Rückseite zusammenfasst. Besprechen Sie mit den Kindern, welche
  Informationen ihnen wichtig sind, und schreiben Sie den Text auf den
  zweiten Tonkarton.

- Laminieren Sie die von den Kindern gestalteten Buchseiten, legen Sie sie
  zwischen die beiden Tonkartonbogen, lochen Sie den Stapel und binden
  Sie ihn zusammen.

- Die Kinder suchen einen besonders schönen Platz für ihr Buch in der
  Leseecke aus. Sie können es sich gegenseitig „vorlesen".

- Während eines Winterfests können sie das Gemeinschaftsbuch aus-
  stellen.

Generationendecke

Die Aktivgeschichte „Omas kranker Fuß" ist ein guter Anlass, um mit den Kindern über ihre eigenen Großeltern zu sprechen und eine gemeinsame Aktivität anzuregen.

So geht's:

- Wissen die Kinder, wie alt ihre Großeltern sind, wo sie wohnen, wie sie heißen und was sie beruflich machen oder gemacht haben? Wie oft treffen sie sie? Was unternehmen die Großeltern mit den Kindern?

- Besprechen Sie mit den Eltern, ob Sie sich wegen einer gemeinsamen Aktivität an die Großeltern wenden können. Falls diese dafür nicht zur Verfügung stehen, können auch andere wichtige Bezugspersonen eingeladen werden.

- Die Kinder laden ihre Eltern, Geschwister und Großeltern mit selbst gestalteten Karten zu einem gemeinsamen Nachmittag in die Einrichtung ein. Sie malen auf die Karten alle Familienmitglieder. In der Einladung werden die Großeltern darum gebeten, eine alte Tischdecke für eine Gemeinschaftsarbeit mitzubringen.

- Jede Familie gestaltet ihre eigene Tischdecke. Möchten die Familien kleinere Flächen bearbeiten, können sie die Decken halbieren.

- Alle umkreisen auf der Decke die Umrisse ihrer Hände und/oder Füße mit Stoffmalstiften und füllen das Innere farbig aus. Wenn die Farbe der Tischdecke es zulässt, können Abdrücke in weißer oder grauer Farbe auch Spuren im Schnee darstellen.

- Wenn die Farbe getrocknet ist, wird sie durch Bügeln bei 60 °C fixiert.

- Der Nachmittag kann bei Plätzchen und Tee ausklingen und gibt den Familien damit die Gelegenheit, sich untereinander kennenzulernen.

- Zu Hause kann die Familie die Decke auf einen Tisch legen oder an eine Wand hängen.

- Wenn die Kinder von Zeit zu Zeit ihre Hände und Füße auf die Umrisse legen, können sie beobachten, dass diese im Vergleich zu denen der Erwachsenen größer werden.

Tipp:

Die kleinen und großen Künstler können auch mit einfacher Fingermalfarbe ihre Hand- und Fußflächen komplett anmalen, um Abdrücke zu machen. Diese Farbe ist kostengünstiger als Stoffmalfarbe. Es ist ein besonderes Erlebnis, sich die Füße anzumalen und über die Decke zu laufen. Mit einer Spur von Abdrücken kann ein Rahmen gestaltet werden.

Thema:
Familie

Kompetenzbereiche:
familiäres Zusammengehörigkeitsgefühl und Gemeinschaftsgefühl in der Einrichtung stärken, Kreativität entfalten

Angrenzende Bildungsbereiche:
Kreativität und Musik, Forschen und entdecken

Kinder:
alle

Schwierigkeitsgrad:
★ ☆ ☆ ☆ ☆ bis ★ ★ ☆ ☆ ☆

Vorbereitung:
5 Min.

Aktivität:
30 Min. (Gespräch und Karten)
60 – 120 Min. (Familiennachmittag)

Material:
Stoffmalstifte und flüssige Stoffmalfarben (weiß, grau) oder Fingerfarben, Bügeleisen, Plätzchen, Tee

Material pro Kind:
DIN-A6-Klappkarte aus weißem Tonkarton, Buntstifte

Material pro Familie:
alte Tischdecke

Miteinander leben

Thema:
Familie

Kompetenzbereiche:
familiäres Zusammengehörigkeitsgefühl stärken, Kreativität
entfalten

**Angrenzende
Bildungsbereiche:**
Forschen und entdecken,
Sprache und Literacy,
Kreativität und Musik

Kinder:
4–6

Schwierigkeitsgrad:
★★☆☆☆ bis ★★★★★☆

Vorbereitung:
5 Min.

Aktivität:
20 Min. (Gespräch und
Gestalten)
10 Min. (Gespräch)

Material:
Filzstifte, Buntstifte, Locher,
Band

Material pro Kind:
1–5 DIN-A5-Bogen aus
weißem Tonpapier, Bleistift

Fragenkatalog

Der Fragenkatalog intensiviert die Beschäftigung mit den Großeltern und
Eltern. Die Kinder können erforschen, wie diese früher gelebt haben. Diese
Aktivität eignet sich besonders für ältere Kinder.

So geht's:

- Informieren Sie die Eltern und Großeltern ein paar Tage zuvor, damit sie
  sich für die Beantwortung der Fragen Zeit nehmen können.

- Überlegen Sie gemeinsam, welche Fragen die Kinder den Eltern und
  Großeltern stellen könnten, um mehr über deren Erlebnisse zu erfahren.
  Beispielhaft können Sie die Kinder nach aktuellen Kommunikations-
  mitteln fragen. Erklären Sie ihnen zum Beispiel: Als die Großeltern jung
  waren, gab es noch keine Mobiltelefone. – Wie sah damals die Freizeitgestaltung und -planung aus? Wie wurden Verabredungen getroffen?

- In Kleingruppen halten die Kinder ihre Fragen fest. Pro Frage malt jedes
  Kind ein entsprechendes Symbol auf eine Karte. Diese werden später zu
  einem Fragenkatalog zusammengebunden. Am besten malen sie ihr
  Fragesymbol ins linke obere Viertel der Karte, damit die Erwachsenen
  ihre Antworten zu Hause neben oder unter das Symbol zeichnen können.
  Sie können auch die dazugehörigen Wörter unter ihre Antwortbilder
  schreiben.

- Symbol- und Fragenvorschläge sind:

  – Ball: Was haben die Großeltern und Eltern gern gespielt, als sie Kinder
    waren?

  – Schneemann: Gab es besondere Aktivitäten, die sie im Winter gemacht
    haben?

  – Teller mit Wurst, Gemüse, Kartoffeln: Welche Speisen haben sie früher
    oft gegessen? Sind diese Gerichte heute noch bekannt?

  – Meer und verschneiter Berg: Wo haben sie früher Urlaub gemacht?

  – Kindergartentasche: Haben die Großeltern und Eltern einen Kindergar-
    ten besucht?

  – Hammer und Computer (individuell): Welchen Beruf üben die Eltern
    aus? Arbeiten die Großeltern noch?

- Jedes Kind malt ca. drei bis fünf Symbolkarten. Wenn auch jüngere
  Kinder mitmachen möchten, können sie ein bis zwei Fragen stellen.

- Nachdem das Kind die Konturen seiner Symbole mit Bleistift vorgezeich-
  net und mit Filzstiften ausgemalt hat, bemalt es eine weitere Karte als
  Deckblatt. Die Karten werden links gelocht und zusammengebunden.

- Besprechen Sie mit den Kindern noch einmal, welche Fragen sich hinter
  ihren gezeichneten Symbolen verbergen.

- Nach ein paar Tagen präsentieren die Kinder in Kleingruppen oder in der
  Gesamtgruppe die Antworten ihrer Großeltern und Eltern.

Zeit-Spuren-Suche

So geht's:

- Informieren Sie die Eltern und/oder Großeltern über die anstehende Spurensuche, die zu Hause stattfinden wird.

- Alte Möbel und Gegenstände, ob mit oder ohne Gebrauchsspuren, können Geschichten erzählen: Omas Küchentisch ist alt und zerkratzt. Trotzdem sagt sie: „Diesen Tisch würde ich niemals hergeben. Die helleren Stellen auf dem Holz erinnern mich daran, dass ich früher auf dem Tisch bügeln musste. Die Kratzer stammen von Opas Schnitzereien. Opa hat nämlich immer an diesem Tisch gesessen, wenn er kleine Holzfiguren geschnitzt hat. Und die Einkerbungen sind entstanden, weil meine Tochter – deine Mama – ihre Hausaufgaben an diesem Küchentisch gemacht hat." – So könnte die Einführung in das Thema aussehen. Vielleicht bringen Sie den Kindern auch einen privaten Gegenstand mit und erzählen seine Geschichte.

- Am besten gehen die Kinder über ein Wochenende auf die Suche nach Spuren, die die Zeit bei ihnen zu Hause hinterlassen hat: Kratzer, Dellen oder andere Beschädigungen. Die Kinder können auch ihre Eltern und Großeltern auffordern, ihnen Gegenstände zu zeigen, die eine besondere Bedeutung für sie haben. Sicher finden sie auch einen Gegenstand, der eine winterliche Geschichte erzählt, z. B. alte Schlittschuhe.

- Nach dem Wochenende setzen Sie sich zu einem weiteren Gesprächskreis zum Thema „Spurensuche" zusammen. Die Kinder zeigen der Gruppe die Gegenstände ihrer Eltern oder Großeltern und versuchen ihre Geschichten zu erzählen. Zur Unterstützung dienen kleine Zettel, auf denen die Eltern/Großeltern die Geschichten aufgeschrieben haben. Wenn den Kindern Details der Geschichten entfallen sind, können Sie diese vorlesen.

- Erklären Sie, dass Dinge einen besonderen Wert dadurch erlangen, dass man mit ihnen Geschichten verbindet. Sicher haben die Kinder auch Spielzeuge, über die sie etwas erzählen möchten.

- Zeigen Sie den Kindern einen Gegenstand aus dem Gruppenraum, der eine lange Geschichte vorzuweisen hat, z. B. eine alte Gießkanne. Die Kinder fabulieren, wo der Gegenstand hergestellt wurde, was bereits alles mit ihm gemacht wurde etc. Der Gegenstand wird fotografiert und in die Mitte eines Plakatkartons geklebt. Rundherum malen die Kinder die einzelnen Stationen auf, die der Gegenstand bereits „erlebt" haben könnte.

- Stellen Sie das Plakat im Gruppenraum aus, damit auch die Eltern und Großeltern sich die Geschichte des Gegenstands erzählen lassen können.

Tipp:

Es bietet sich an, in den Park oder Wald zu gehen und Spuren der Zeit in der Natur zu suchen: Dieser Baum ist schon sehr alt und hat bestimmt schon so manchen Sturm überstanden, jener Baum wurde vielleicht erst im letzten Sommer gepflanzt.

Thema:
Familie

Kompetenzbereiche:
Empathie, Zeitbewusstsein und Erzählfähigkeit weiterentwickeln, Kreativität entfalten

Angrenzende Bildungsbereiche:
Forschen und entdecken, Sprache und Literacy, Kreativität und Musik

Kinder:
4–6

Schwierigkeitsgrad:
★ ★ ★ ★ ★ ★

Vorbereitung:
5 Min.

Aktivität:
20 Min. (Gespräch)
35 Min. (Gespräch und Gestalten)

Material:
privater Gegenstand, Gegenstand aus dem Gruppenraum, Fotoapparat, weißer Plakatkarton, Filzstifte

Material pro Kind:
privater Gegenstand

Miteinander leben

Thema:
Familie

Kompetenzbereiche:
familiäres Zusammengehörigkeitsgefühl stärken, Kreativität
entfalten

**Angrenzende
Bildungsbereiche:**
Forschen und entdecken,
Sprache und Literacy,
Kreativität und Musik

Kinder:
3–5

Schwierigkeitsgrad:
★ ★ ★ ★ ☆

Vorbereitung:
10 Min. (Gespräch)
5 Min. (Gestalten)

Aktivität:
20–30 Min.

Material:
Zeitungen, Buntpapier (braun,
grau, schwarz, dunkelgrün),
weißes Papier, Klebstoff,
Watte, Bänder

Material pro Kind:
hellblauer DIN-A3-Bogen
Tonpapier, Bleistift, Familien-
fotos (Gesichter etwa in Pass-
bildgröße); ggf. Schere

Mein Familienstammbaum

Bei dieser Aktivität kommt es in erster Linie darauf an, dass Kinder einen
ersten Eindruck von Verwandtschaftsverhältnissen gewinnen. Wenn ein
Kind erkennt, dass Oma und Opa gleichzeitig die Eltern seiner Mutter bzw.
seines Vaters, seiner Tanten und Onkel sind, hat es eine große kognitive
Leistung vollbracht.

So geht's:

- Was ist eine Familie und wer gehört dazu? Besprechen Sie mit den
  Kindern, aus welchen Menschen eine Familie bestehen kann. Denken Sie
  auch daran, dass Kinder Ihrer Gruppe möglicherweise in Patchwork-
  Familien leben.

- Es bietet sich an, einen winterlichen Familienstammbaum zu gestalten
  und so die verschiedenen Generationen einer Familie anschaulich zu
  machen. Bringen Sie die Abbildung eines Stammbaums mit, um mit den
  Kindern den Aufbau zu besprechen: z. B. den Stammbaum einer be-
  rühmten Familie aus dem Internet oder den Ihrer eigenen Familie.

- Geben Sie den Kindern die Aufgabe, Fotos von sich, ihren Geschwistern,
  Eltern, Großeltern, Tanten, Cousins und anderen Familienmitgliedern
  mitzubringen. Informieren Sie auch die Eltern über dieses Vorhaben und
  bitten Sie sie, auf die Fotorückseiten jeweils den Namen und das familiäre
  Verhältnis der Person zu schreiben. Die Gesichter sollten ungefähr Pass-
  fotogröße haben.

- Nachdem die Fotos in der Gruppe abgegeben wurden, zeichnet jedes
  Kind zunächst die Umrisse eines dicken Baumstamms auf das Tonpapier.
  Anhand der Anzahl und Zusammensetzung der Familienmitglieder auf
  den Fotos erarbeiten Sie mit dem Kind, wie viele Äste und Zweige sein
  Baum braucht.

- Die Umrisse des Baumstamms, der Zweige und Äste kleben die Kinder
  mit Zeitungspapier- und Buntpapierschnipseln aus.

- Mit Ihrer Hilfe platzieren die Kinder die Fotos an den passenden Stellen.
  Begonnen wird am oberen Stammende mit Fotos der beiden Groß- oder
  sogar der vier Urgroßelternpaare.

- Schreiben Sie die Namen und Verwandtschaftsverhältnisse unter die
  Fotos. Manche Kinder können die Buchstaben vielleicht schon selbst
  schreiben, wenn Sie sie auf ein Stück Papier vorschreiben. Über den
  Baum kann das Kind nach einer Vorlage „Meine Familie" schreiben.

- Um den Baum der Jahreszeit entsprechend zu gestalten, kleben die
  Kinder Schneeflocken aus weißen Papierschnipseln oder Wattestückchen
  auf die Äste und in die Landschaft.

Tipp:

Zusammengerollt und mit einem hübschen Band versehen, können die
Stammbäume als Weihnachtsgeschenke für Eltern oder Großeltern dienen.

Tonfiguren

Als Vertiefung des Familienthemas können Sie den Kindern die Gestaltung einer Gemeinschaftsarbeit aus Ton vorschlagen. Die Kinder formen Figuren, die ihre Familienmitglieder und wichtige Freunde darstellen. Nach dem Trocknen oder Brennen stellen sie die Figuren auf einem großen Holzbrett auf und gruppieren sie nach ihren Vorstellungen. Regen Sie die Kinder dazu an, von ihren Figuren zu erzählen. Möglicherweise entwickelt sich ein Ritual: Regelmäßig, z. B. nach dem Morgenkreis, überlegen die Kindern, wie sie ihre Figuren aufstellen wollen. Vielleicht spielt eine Kinderfigur mit einer anderen Kinderfigur oder besucht gerade die Großmutter. So können die Aufstellungen dazu dienen, Situationen, Wünsche und Konflikte darzustellen, auszusprechen und spielerisch zu verarbeiten.

So geht's:

- Zu Beginn überlegen die Kinder, mithilfe welcher spezifischen Merkmale sie Eltern, Großeltern, Geschwister und Freunde darstellen können: Die Schwester hat vielleicht einen Rock an, die Oma ist besonders rund und Opa hat immer einen Hut auf. Nun formen die Kinder ihre Figuren.

- Besprechen Sie mit den Kindern die Grundtechniken der Tonverarbeitung und den vorsichtigen Umgang mit den Werkzeugen:

  - Um gut bearbeitet werden zu können, muss der Ton immer etwas feucht gehalten werden. Am besten wickeln Sie ihn zur Aufbewahrung in einen feuchten Lappen ein.

  - Durch das Schlagen der Tonstücke entweicht überflüssige Luft. Der Ton wird geschmeidig.

  - Mit angefeuchteten Händen lässt er sich gut formen. Eine einfache Technik besteht darin, Würste zu rollen, deren Oberfläche leicht einzuritzen, diese Stellen etwas zu befeuchten und aufeinanderzudrücken. Anschließend werden die Würste miteinander verstrichen, sodass eine relativ glatte Oberfläche entsteht.

  - Kugeln werden durch das Rollen kleiner Tonstücke geformt. Möchten die Kinder die Kugeln (Köpfe) mit einem Stück Ton (Körper) verbinden, sollten auch hier die Oberflächen der Verbindungsstellen eingeritzt und etwas befeuchtet werden. Nach dem Zusammensetzen werden die beiden Teile wieder durch Glattstreichen miteinander verbunden.

  - Eine Form kann auch aus einem ganzen Tonstück herausgearbeitet werden: Die Kinder bearbeiten den Ton mit bloßen Händen, er kann aber auch mit kleinen Plastikmessern gestrichen werden. Augen, Mund und Nase können mit Schaschlikspießen eingeritzt werden.

- Nach dem Brennen oder Trocknen der Tonfiguren können die Kinder die Figuren aufstellen und Geschichten mit ihnen erfinden.

Thema:
Familie

Kompetenzbereiche:
Feinmotorik und Erzählfähigkeit weiterentwickeln, Kreativität entfalten, familiäres Zusammengehörigkeitsgefühl stärken, Konflikte bewältigen

Angrenzende Bildungsbereiche:
Kreativität und Musik, Sprache und Literacy

Kinder:
2–4

Schwierigkeitsgrad:
★ ★ ★ ☆ ☆

Vorbereitung:
10 Min.

Aktivität:
30 Min.

Material:
Ton, feuchte Tücher, Wasserschalen, Schaschlikspieße, große Holzplatte; ggf. Brennofen

Material pro Kind:
kleines Plastikmesser

Miteinander leben

Thema:
Unsere Umgebung

Kompetenzbereiche:
räumliche Wahrnehmung und
Wortschatz verfeinern,
Kreativität entfalten

**Angrenzende
Bildungsbereiche:**
Forschen und entdecken,
Sprache und Literacy,
Kreativität und Musik

Kinder:
3–5

Schwierigkeitsgrad:
★ ★ ★ ★ ★ ★

Vorbereitung:
15 Min. (Gespräch)

Aktivität:
30–60 Min. (Erkundung der
Umgebung)
30 Min. (Bearbeitung des
Stadtplans)

Material:
vergrößerte Kopie eines
Straßenplanausschnitts der
näheren Umgebung, Leucht-
stift, Bunt- und Filzstifte,
Klebstoff

Es gibt viel zu entdecken

Die Kinder haben durch die Aktivität „Mein Familienstammbaum" (S. 122)
bereits gelernt, welche Personen eine Familie ausmachen können und wie
die Mitglieder benannt werden. Doch jeder Mensch ist nicht nur Teil einer
Familie, sondern eines ganzen Netzwerkes: Menschen, denen wir jeden Tag
begegnen und die für uns da sind. Morgens gehen wir zum Bäcker und
kaufen dort Brötchen. Der Briefträger bringt uns die Post. Wir gehen in
Sportvereine und Musikschulen. Der Arzt hilft uns, wenn wir krank sind.
Überall begegnen wir Menschen, die uns mit ihrem besonderen Wissen und
Können unterstützen. Durch die Aktivität „Es gibt viel zu entdecken" werden
sich die Kinder dieses Netzwerks bewusst.

So geht's:

- Lassen Sie die Kinder Beispiele aus ihren Tagesabläufen erzählen.
  Welchen Menschen begegnen sie täglich oder ab und zu? Was machen
  diese Menschen? Wo wohnen oder arbeiten sie?

- In Kleingruppen erkunden sie die nähere Umgebung. Die Kinder ent-
  decken Orte, die für sie von Bedeutung sind: Einkaufsmöglichkeiten,
  Arztpraxen, Spielplätze, die Bibliothek, die Kirche, die Grundschule,
  Häuser, in denen Freunde wohnen etc. Sie können versuchen, sich die
  Straßennamen und Plätze zu merken.

- Um mit den Kindern einen eigenen Straßenplan der näheren Umgebung
  herstellen zu können, kopieren Sie den entsprechenden Bereich aus
  einem Stadtplan. Am besten vergrößern Sie ihn ein wenig. Markieren Sie
  die Stellen, an denen Ihre Einrichtung und ein bis zwei weitere Orte liegen,
  die die Kinder während des Ausflugs entdeckt haben.

- Rufen Sie im Gespräch weitere Orte und Straßennamen in Erinnerung,
  die die Kinder kennengelernt haben. Können sie diese zuordnen und
  markieren?

- Helfen Sie den Kindern, indem Sie sie an prägnante Erlebnisse erinnern.
  Wenn beispielsweise bereits die Stelle gefunden worden ist, an der sich
  der Supermarkt befindet, können Sie fragen: Wisst ihr noch, welches
  Gebäude wir genau neben dem Supermarkt entdeckt haben?

- Jede korrekt zugeordnete Straße wird von einem Kind mit einem Leucht-
  stift nachgefahren. Die auf dem Plan markierten Bereiche werden mit
  Nummern versehen. In eine nummerierte Legende unterhalb des Plans
  zeichnen die Kinder die passenden Gebäude. Vielleicht möchten sie auch
  das dazugehörige Wort nach einer Vorlage danebenschreiben.

- Befestigen Sie den Plan an einer Wand in Kinderaugenhöhe, sodass ihn
  die Kinder immer wieder betrachten können. Nach und nach können
  wichtige Orte ergänzt werden.

Tipp:

Diese Aktivität eignet sich besonders für Vorschulkinder. Indem sie zunehmend lernen, sich in der näheren Umgebung zurechtzufinden, gewinnen sie
auch an innerer Sicherheit. Falls die Kinder eine Grundschule in der Nähe
besuchen werden, können sie diese zunächst von außen besichtigen. Vor
den Sommerferien lässt sich vielleicht ein Treffen mit der zukünftigen Lehr-
kraft vereinbaren.

Winterbäckerei

Diese Aktivität eignet sich gut, wenn die Kinder bereits die Umgebung kennengelernt haben (S. 124).

So geht's:

- Vielleicht befindet sich in der Nähe des Kindergartens eine Bäckerei. Viele Firmen bieten gern einen Besichtigungstermin für Kinder an.

- Bereiten Sie den Besuch der Bäckerei mit den Kindern vor, indem Sie Literatur zum Thema auslegen. Lesen Sie den Kindern die Bücher vor und betrachten Sie mit ihnen ausgiebig die Bilder. Interessante Fragen können sein: Welche Arten von Brot und Gebäck werden hergestellt? Gibt es spezielle Backwaren in der Winterzeit? Woher bekommt der Bäcker die Zutaten?

- Schreiben Sie ungeklärte Fragen der Kinder auf, damit sie während des Besuchs in der Bäckerei gestellt werden können.

- Nach dem Ausflug möchten die Kinder im Gruppenraum vielleicht eine eigene kleine Bäckerei errichten: Ein Tisch dient als Arbeitsfläche, ein großer Karton als Backofen; außerdem dürfen Schüsseln und andere Backutensilien nicht fehlen. Im Spiel können die Kinder die Arbeitsschritte nachvollziehen.

- Wenn Sie die Winterbäckerei in die Küche des Kindergartens verlegen möchten, können die Kinder „Eiskristall-Plätzchen" (S. 103) backen.

- Schreiben bzw. malen Sie mit einer Kleingruppe einen Einkaufszettel, um anschließend gemeinsam einkaufen zu gehen.

- Beim Backen können die Kinder Schürzen und Kopftücher oder Mützen wie richtige Bäcker tragen.

- Die Kinder essen die Plätzchen anschließend in gemütlicher Runde oder bieten sie beim Winterfest (S. 127) an.

Tipp:

Mit Knetgummi und verschiedenen Backformen können die Kinder ebenfalls „backen".

Thema:
Berufe

Kompetenzbereiche:
Umgebung kennenlernen, Wortschatz erweitern, Zahlen und Maße kennenlernen, Feinmotorik weiterentwickeln

Angrenzende Bildungsbereiche:
Forschen und entdecken, Sprache und Literacy, Körper, Bewegung und Gesundheit

Kinder:
2–25

Schwierigkeitsgrad:
★ ★ ★ ☆ ☆ ☆

Vorbereitung:
2–3 Vormittage (Gespräche und Buchbetrachtungen)

Aktivität:
ca. 60 Min. (Besuch der Bäckerei)
variabel (Bäckerei als Freispiel)
ca. 60 Min. (Einkaufen)
60–90 Min. (Backen)

Material:
Bilderbücher zum Thema „Bäckerei", Zettel, Stift, Tisch, Karton, verschiedene Backutensilien, Rezept und Zutaten für Eiskristall-Plätzchen (S. 103)

Material pro Kind:
Kinderschürzen, Kopftücher oder Bäckermützen

Miteinander leben

Wintertanz

Wenn Sie mit den Kindern planen, als Projektabschluss ein Winterfest mit Gästen zu feiern, kann der Tanz zum „Winterlied" (S. 61) ein schöner Programmpunkt sein. Der Tanz eignet sich auch als Bewegungsspiel im Morgenkreis.

So geht's:

Zu Beginn stehen alle Teilnehmer im Kreis, singen gemeinsam den Refrain und bewegen sich wie angegeben. Nach jeder gemeinsam gesungenen und dargestellten Strophe wird der Refrain mit den Bewegungen wiederholt.

Refrain:

Durchs verschneite Wäldchen laufen	*Alle Kinder drehen sich nach rechts und laufen hintereinander im Kreis herum.*
und im Schnee mit Freunden raufen.	*Die Gruppe bleibt stehen, jedes Kind fasst seinen Vordermann an den Schultern und alle bewegen sich vor und zurück.*
Talwärts mit dem Schlitten brausen,	*Alle gehen, den Vordermann an den Schultern gefasst und nach vorne gebeugt, in die Hocke.*
übers blanke Eis hinsausen.	*In dieser Haltung bewegen sich die Kinder vorsichtig nach links und rechts.*
Kugeln für den Schneemann rollen,	*Alle stehen auf und rollen imaginäre Schneebälle in Richtung des Vordermanns.*
über weiße Wiesen tollen.	*Die Kinder drehen sich zur Mitte, fassen sich bei den Händen und laufen in die Mitte des Kreises.*

1. Strophe:

Im Winter ruht die Erde sich vom Blühn und Wachsen aus.	*Von der Mitte des Kreises aus, die Hände nach oben zusammengefasst, bewegen sich alle gleichmäßig nach hinten und führen dabei die Hände Richtung Boden.*
Wenn's still und weiß wird rings um mich, dann muss ich flink hinaus.	*Langsam die Hände loslassen und sich zum Singen des Refrains wieder hintereinander in die Kreisformation stellen.*

2. Strophe:

Die dicke Jacke nehm ich mir, die Mütze und den Schal, auch Handschuh, weil ich sonst so frier, denn ich hab keine Wahl.	*Alle gehen, sich imaginäre Jacken, Mützen und Schals anziehend, von der Mitte des Kreises wieder nach außen.* *Sie ziehen sich imaginäre Handschuhe im Kreis stehend an und wenden sich wieder nach rechts, um mit dem Refrain fortzufahren.*

3. Strophe:

Ich brauche eine Schneeballschlacht, Eiszapfen, Pulverschnee, die Winterluft, den Frost, der kracht, die Krähen überm See.	*In der Mitte des Kreises stehend, klopfen alle vorsichtig ihre Fäuste aneinander.* *Alle klatschen rhythmisch in die Hände und gehen zur Begleitung des Refrains wieder in die Anfangsposition.*

4. Strophe:

Und wenn ich müde schlafen geh in dunkelblauer Nacht, dann träum ich noch von Eis und Schnee und kalter Winterpracht!	*Alle stehen in der Mitte des Kreises, legen die Köpfe schräg und die aufeinandergelegten Hände an die rechte Wange.* *Abschließend geben die Kinder leise Schnarchgeräusche von sich: „Rapüüh! Rapüüh!"*

Unser Winterfest mit Nachbarn

Im Laufe des Winterprojekts haben die Kinder in Einzel- und Gemeinschaftsarbeit viele Kunstwerke hergestellt. Ein gemeinsames Winterfest mit den Familien und den Nachbarn gibt den Kindern die Gelegenheit, ihre Arbeiten zu präsentieren. Das Fest ist zugleich Abschluss des Projekts und bietet einen guten Anknüpfungspunkt für einen lebendigen Elternkontakt. Vielleicht entsteht aus der Vorbereitung des Festes und der Ausstellung ein eigenes kleines Projekt, bei dem die Kinder z. B. erfahren können, welche Elemente ein Fest zu einem Fest machen oder was eine (Kunst-)Ausstellung ausmacht.

So geht's:

- Die Kinder gestalten Einladungskarten und laden ihre Familie, die Nachbarn und andere Menschen, die mit der Einrichtung in täglichem Kontakt sind (z. B. Postbote, Hausmeister, Getränke- und Lebensmittellieferant) zum Winterfest ein. Die Einladungskarten können sie z. B. mit den Fotos der Natur-Mandalas (S. 51) bekleben.

- Für die Präsentation der Kunstwerke eignet sich der Flur oder ein großer Mehrzweckraum. Findet die Ausstellung in einem Gruppenraum statt, können die Kinder Wegweiser gestalten, etwa große Pfeile aus Tonpapier, die sie nach einer Vorlage mit „Kunst" beschriften. Eine andere Gestaltungsidee ist es, die Umrisse der eigenen Fußspuren im Schnee aus weißem Tonpapier auszuschneiden und damit einen Weg zur Ausstellung zu legen.

- Wählen Sie mit den Kindern Objekte für die Ausstellung aus und besprechen Sie mit ihnen, wie sie präsentiert werden können: etwa die Modell-Winterlandschaft (S. 47), das Schneeflocken-Fühlbuch (S. 29), das Gemeinschaftsbuch (S. 118) und die Schneekugeln (S. 60) auf Tischen und die winterlichen Familienstammbäume (S. 122) und die Generationendecken (S. 119) an den Wänden. Wie im Museum können alle Objekte mit kleinen Schildern versehen sein, die den Namen, die Gruppenzugehörigkeit und ggf. das Thema nennen.

- Mit verschiedenen Rezepten aus dem Kapitel „Körper, Bewegung und Gesundheit" können Sie gemeinsam mit den Kindern ein winterliches Büfett zusammenstellen. Der Kinderpunsch (S. 106) darf dabei nicht fehlen.

- Besprechen Sie mit den Kindern, wo die Gäste sitzen sollen, etwa an Tischen, die zu kleinen Gruppen zusammengerückt werden. Die Kinder dekorieren die Tische, z. B. mit Schneeflocken aus Watte und mit den Eiskristallen (S. 84).

- Als ersten Programmpunkt führen die Kinder ihren Gästen eine Aktivgeschichte vor, z. B. die mit dem Prinzen Ochnöö (S. 90–94). Eine andere Möglichkeit ist die Aufführung eines Tanzes (S. 126) zum Winterlied von Seite 61.

- Nach der Ausstellungseröffnung und dem Verzehr des Büfetts können die Kinder mit ihren Gästen Spiele spielen und kreativ tätig werden: „Tier, ärgere dich nicht!" (S. 75), Mandalas malen (S. 102, 110/111) oder draußen in Schnee oder Sand malen (S. 50).

Thema:
Gemeinsam feiern

Kompetenzbereiche:
Kreativität entfalten, räumliche Wahrnehmung verfeinern, einander besser kennenlernen

Angrenzende Bildungsbereiche:
Miteinander leben, Kreativität und Musik, Forschen und entdecken

Kinder:
alle

Schwierigkeitsgrad:
★ ☆ ☆ ☆ ☆ ☆ bis ★ ★ ★ ★ ☆ ☆

Vorbereitung:
mehrere Wochen (Sammeln der Kunstwerke des Winterprojekts)
1–2 Std. (Vorbereitung der Ausstellung und des Buffets)

Aktivität:
2–3 Std. (Winterfest)

Material:
Einladungskarten, Fotos der Natur-Mandalas (S. 51), verschiedene Kunstwerke, Dekorationen, Getränke und Speisen für das Büfett; ggf. Verkleidung und Text für die Präsentation einer Aktivgeschichte, verschiedene Spiele

Miteinander leben

Gestaltungsvorlage:
Ausmalbild zu
„Omas kranker Fuß"
✂